谨以此书献给我的父母——拉里·沃克和卡罗尔·沃克，是你们让我知道，帮助别人是解决自己问题的最佳方法。

同时也将这本书献给我的丈夫——马克·阿瑟雷，感谢你不离不弃，陪我走过这么多风风雨雨。

你们都是上天赐给我的礼物。

付出的力量

29 Gifts:How a Month of Giving Can Change Your Life

[美]凯米·沃克(Cami Walker)著 邢爽 译

图书在版编目（CIP）数据

付出的力量/（美）沃克（Walker,C.）著；邢爽译.
—南京：江苏文艺出版社，2010.12
ISBN 978-7-5399-4157-8

Ⅰ. ①付… Ⅱ. ①沃… ②邢… Ⅲ. ①励志·成功心理学
Ⅳ. ①B821-49

中国版本图书馆 CIP 数据核字（2010）第 238303 号

著作权合同登记号:图字 10-2010-342

上架建议：畅销书·人生励志

付出的力量

著　　者:（美）凯米·沃克
译　　者: 邢　爽
责任编辑: 刘　霁
策划编辑: 一　草　马冬冬
版权编辑: 辛　艳
装帧设计: 张丽娜
出版发行: 凤凰出版传媒集团
江苏文艺出版社　http://www.jswenyi.com
集团网址: 凤凰出版传媒网　http://www.ppm.cn
印　　刷: 北京嘉业印刷厂
经　　销: 新华书店
开　　本: 880×1230　1/32
字　　数: 150 千字
印　　张: 9
版　　次: 2011 年 1 月第 1 版
印　　次: 2011 年 1 月第 1 次印刷
书　　号: ISBN 978-7-5399-4157-8
定　　价: 26.00 元

（江苏文艺版图书凡印刷、装订错误可随时向承印厂调换）

全球媒体、名人倾情赞誉

● 这是一部足以与《秘密》相媲美的杰作，一部改变命运、改善人生的智慧之书！

——《出版人周刊》

● 为什么有钱人都在做慈善，他们真的是那么好心肠吗？付出的同时他们收获了某种神秘的能量，这会有助于他们的健康和事业，这说起来挺玄乎，但事实就是如此。

——NBC电视台

● 沃克注定会成为一位了不起的作家，她以自己的实际行动唤醒了整个社会的奉献精神。

——《人物周刊》

● 与其在痛苦和抱怨中度日，不如积极地改变自己人生，只要29天用心付出，就会给人生带来美好改变。

——《时代》

● 《付出的力量》之所以能够从众多的心灵励志类图书中脱颖而出，就在于它为广大读者提供了一个全新的视角，让你发现战胜灾厄的强大精神力量。

——《波士顿环球报》

● 每年的新书数以万计，但这本书的出现绝对是读者的福音！

——《图书馆》

● 这是一本伟大的心灵励志书！“29天付出”行动所创造的影响力，已经波及到全世界。

——《卫报》

● 任何人在任何时候都可以付出，哪怕只是一个微笑。

——《芝加哥太阳报》

● 每个生命的价值都是平等的，付出比索取更令人感到满足。

——克林顿

● 想要人生更加丰富，最好的办法就是让自己一直保持付出和感恩的状态。

——比尔·盖茨

● 幸福感是无法依靠别人的施舍而获得的，正确的方法是主动付出，关爱身边的人。

—— 李开复

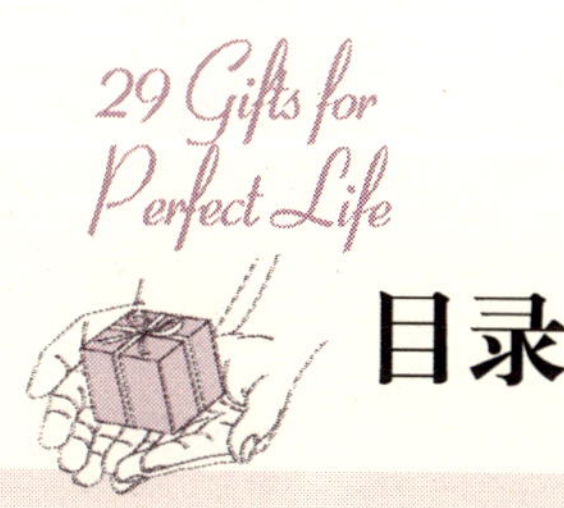

目录

contents

序言

绝望的时刻，绝望的方法

现在是凌晨四点，已经63个小时没有睡觉的我，依然是那么清醒。思维早已不受控制——残疾的我，手脚不能动弹的我……一幅幅画面就像安全出口那醒目的红色标志一般，在我的头脑中不断闪现。我再一次把自己推进极度的恐慌和焦虑之中，又开始了一场令人厌倦的循环。我不禁这样想道：

我最终会在轮椅上度过余生。我再也不能像正常人一样走路，再也没能力养活自己。将来我肯定连字都没法写。我的朋友和家人也会将我抛弃，我的丈夫会嫌弃我，不愿再照顾我，他肯定会在我40岁之前就把我送进封闭的疗养院，让我自生自灭。在那里，已经被大家忽略的我，活不到45岁就得死于褥疮感染。

我再也没机会做母亲了。

我受了诅咒了吗？为什么我会得这种可怕的疾病？为什么医生们无法治愈这种多发性硬化症？为什么连一点真正有效的药都不能给我呢？我的生活毫无希望，我的一辈子就这么完了。

我不想活了。

我尽量让自己安静地躺在那里，不把马克吵醒。我那疲惫的丈夫正睡着呢，在我身边大声地打着呼噜。我真无法相信，我就在他身边6英寸的地方，我们躺在一张床上，在我紧张得快要崩溃的时候，这个浑蛋居然能够酣然入睡！

我哽咽着，泪水顺着脸颊流了下来，呼吸也越来越急促。这声音让马克在睡梦中动了一下，不过他还是没有醒过来。

母亲就在我们隔壁的客房里。当我还是个小孩的时候，她就对我的哭声十分敏感。只要我稍有不安，她就会过来哄我、安慰我。现在还和以前一样，母亲依然能够感受到我的情绪。我敢肯定，她一直在担心我，没有睡着。母亲会和我们住一段时间，减轻一下马克的负担，在经历了数月的打击和变故之后，他已经心力交瘁了。

卧室的门被打开了一个缝，母亲那担忧的声音从外面传了进来，“宝贝，你还好吗？请尽量不要吵醒马克，他太累了，好不容易才睡着的。”

“不，”我哽咽着说，“我不好。”这些话好像都卡在了我的喉咙里，让我的声音听起来就像青蛙叫一样。我几乎说不出话来，就像有头大象正压在胸口上。不过我还是挣扎着说：“我害怕。”

母亲走了进来，蹲在我床边，把我的左手紧握在她手里。“我知道你很害怕，孩子。但是一切都会好起来的。”她伸手打开了我床头的台灯，安慰我说。

“不，不会好的！”我大叫起来，压在胸口的“大象”也被这尖厉的一声吓跑了。马克也被吓了一跳，惊醒之后翻过身来。我情绪激动，大哭起来：“我不好！什么都不好！不会好起来的！”

他们为什么就是不明白呢？

马克从背后抱住我。

“冷静一点，宝贝，”他在我耳边轻声说道，“你又在胡思乱想了。深呼吸，试着冷静下来。”

马克肯定也和我一样害怕，一样不知所措，但是他从来不会大喊大叫。

就在两年前，我们在墨西哥一处美丽的沙滩上举行了婚礼。那时的照片现在就摆在我床头台灯的旁边。照片里我们手拉着手，沐浴在漫天的玫瑰花瓣之中。虽然看上去我们好像是站在一道人造的布景前面，但那蔚蓝的天空和碧绿的海水都是真的。当我们向着大海的方向远眺时，心里想着将来的生活肯定和那海洋一样平静，美好的未来正等待着我们。我们说着“我愿意”，并发誓不论在什么情况下，健康还是疾病，都会互相支持，不离不弃。

可是谁能想到，结婚还不到一个月，疾病就来了呢？刚刚度完蜜月回到家中，我的健康状况就开始急转直下。我们的世界一下子就变得灰暗了。一天早上，我醒来的时候，就觉得双手无力，又麻又疼。之后又过了一些日子，我的右眼几乎什么都看不见了。家人赶紧把我送到医院，一群专家开始给我检查。没到一星期，我的病就被确诊了——我得了多发性硬化症。

多发性硬化症是一种中枢神经系统（*由大脑、视神经和脊髓组成*）的慢性进程性疾病。这是一种自身免疫性疾病，也就是说身体的免疫系统会攻击健康的细胞。一旦患上了这种多发性硬化症，免疫系统就会攻击病人的髓鞘（*包裹在神经轴突外面的脂肪组织，具有绝缘作用，并提高神经冲动的传导速度*），在髓鞘上面造成一些损害。我想我的髓鞘上一定是被“咬”出了很多个小洞，这样一部分神经就裸露了出来，无法正常运转。不同的神经受到影响和破坏，就会在病人身上呈现出不同的症状。这种病是无法治愈的。绝大多数医生能做的就是给病人提供一些药物、康复训练以及应对技巧，以控制病情的发展。一种新兴的干细胞疗法正处于实验阶段，一些其他的研究也在进行着，但是，就目前而言，这种多发性硬化症还只是一种必须要得到控制、却无法治愈的疾病。

髓鞘和神经纤维遭到破坏之后，就会直接引发一些基本症状，这其中就包括“疲劳”。80%的多发性硬化症病人都会感到十分疲劳，这是这种疾病最常见的症状之一。疲劳不但对人们在工作和生活中的行为能力干扰极大，而且可能也是行动功能障碍病人所呈现出的最突出的症状。

其他一些基本症状包括：肢体麻木、行动困难、平衡性和动作协调性差、膀胱和肠胃功能紊乱、视力丧失、头昏、眩晕、性功能紊乱、疼痛、认知困难、抑郁、肌肉痉挛、颤抖、语言混乱（*例如语言含混不清或表达能力下降*）、吞咽困难、头痛、听力丧失、抓取或呼吸困难等一大串令人恐惧的症状。当然，不同的病人会有不同的症状。

而以上这些基本症状还会诱发一系列的并发症，这些也可以说是这一疾病的“二级症状”吧。比如，一个人的膀胱功能受到影响，就很容易患上经常性的尿路感染；或者，如果某个人行动困难，无法正常行走，那么长时间的不运动就会导致他的肌肉紧张度下降，肌无力，骨密度下降，易发骨折。

无论是马克还是我自己，都没有想到事情会变成这样。我们曾经一起憧憬未来，想要做很多事情。我们打算买一所大房子，要生好几个孩子。可是现在，我们的生活已经被毁了，感觉就像受了命运的捉弄一般。以前那些美好的计划，现在都成了无法实现的梦想。我们能做的就只有紧紧抓住对方，共同面对这一切，让我的生命得以延续。

妈妈打开我床头柜上的抽屉，仔细辨认着那一大堆处方药的瓶子。昨天下午，她花了20分钟的时间给这些瓶子一一做了标记。她在每个药瓶的盖子上都贴了一块蓝色的胶纸，然后以幼儿园老师特有的清晰整洁的方式，用红色墨水在上面写上药的名字。这样就不需要每次吃药都把瓶子拿起来，费力地去确认药名了。

妈妈又伸手从桌子上拿下一张表格，这是两天前他和马克一起做的。用来记录我每天都吃了什么药。

“你8小时前吃了一片安定。”妈妈说。那是一种抑制焦虑的药。“你现在要再吃一片吗？”

“要，”我用力吸了一口气，“我能吃片安必恩吗？”我两小时前已经吃过一片了，但是看起来它一点作用也没有，我还是睡不着。

“你之前吃过吗？”妈妈问。

“没有。”我说谎了。也许双倍的药量能让我睡上几小时吧。我几乎3天没有睡觉了，浑身疼痛，每个细胞都在大叫着要休息一下。

妈妈递给我两个白色的药片。我接过来，熟练地把它们塞到舌头下面。这样药片就能快点融化，更快地进入到血液当中。多年前，我滥用处方药成瘾，在努力要戒掉的过程中学会了这个小把戏。不一会儿，药物就在我嘴里融化了，形成了一团苦涩的黏稠物。我感到肚子里一阵灼热。几年前，我好不容易才把药瘾戒掉，可现在吃了这么多药片之后，我的药瘾又复发了。之后，我从床头拿起一只绿色的小塑料杯，呷了一口水。这只杯子一直摆在我床头，因为它太小，每天至少要填20次水。没办法，我的双手和胳膊一点力气也没有，如果换了大点的杯子肯定会被我掉在地上，或者把水溅得到处都是。如果病情继续发展下去的话，我想我就得退化到用吸管杯喝水了。

母亲陪了我20多分钟，一直在小声地和我说话，希望能分散我的注意力，让我不再那么焦虑。她说我在刚开始学走路的时候，总是想要爬到厨房的工作台上面；还说有一次她居然发现我坐在冰箱顶上。我很努力地想要跟上妈妈的讲述，可是我发觉自己很难理解她的话。马克一直抱着我，直到我从狂躁中平静下来。看到我渐渐安静了，妈妈这才离开，她说她要去补一会

儿觉。

“我要尿尿。”我说。药物似乎开始起作用了。

马克把我从床上扶起来，从后面揽住我的腰，扶着我走到走廊尽头的卫生间。开始的几步还算协调，可是不一会儿我就像怪物弗兰肯斯坦一样步履蹒跚了。

之后，马克又把我扶回床上。就在那时，奇迹发生了！我居然睡着了！在药物的作用下，我睡了整整7个小时，连梦都没做。可7小时之后，我又在哭泣、疼痛和恐惧中醒来，开始下一次轮回。

四个月以来，每天都是这个样子，几乎没什么变化。这已经成了我们生活的一部分。自从12月我们从旧金山搬到洛杉矶的新家到现在，三个月里我已经被送进急诊室或入院4次了。而每次被送进急诊室，那里的分类护士都会再问我一遍那些熟悉而枯燥冗长的问题：

“您为什么会被送进急诊室？”

“因为我的多发性硬化症又发作了。”我有气无力地回答。

“您都有什么症状？”护士每次都会这样问。而我呢，也会把那一大串症状再重复一遍，“我的脖子、后背中部和上部都疼得不得了；四肢无力，还有些刺痛和麻木；肚子一点知觉也没有……就像里面的器官全都死掉了一样。你现在就是拿把刀从我肚子上刺进去我也不会有什么感觉。不过我的皮肤应该会感到疼痛，因为它过于敏感，哪怕是最轻柔的碰触都能感觉得到；我现在平衡力很差，没法像正常人一样走路；我在认知方面也有些问题——记不起短期内发生的事情，很难集中精力；我非常疲劳，非常虚弱，大部分时间只能躺在床上；我1小时内至少要排两次尿，有时还会大便失禁；我视力模糊，感到眩晕。”

“这是您发病时的常态，还是每次发病都有新的症状？”护士会问，这时她的眼神里会流露出一种温柔的怜悯之情。

“是常态。”我说。只是这种“常态”持续太久了！

每次，医生对我的治疗方法也是一样的。他们会给我打吊针，会给我预约核磁共振，还会给我注射很多盐酸氢吗啡酮（*一种强力镇痛药，医药级海洛因*），让我暂时从疼痛中解脱出来。因为我对大多数的麻醉类镇痛药都会过敏，他们还会给我注射一定剂量的苯海拉明（*一种抗过敏药*），以防我把自己的皮肤抓烂。他们会再给我打一针安定，来控制我的焦虑症。每次住院，医生都会连续5天给我注射1000毫克的甲强龙，一种用于免疫综合征的激素药。前四天这些激素会让我轻松许多，让我觉得生活还有那么一点点希望。可到了第五天的时候，我就崩溃了。一方面是因为药物已经不再起作用，另一方面是因为这种药的副作用极大，会把我推入一种介于极度抑郁和狂躁的状态之中，让我十分痛苦。

每次我都会拿着一两张新的处方离开医院，而这只不过是往我那一大张药单上再增加几个名字。在24小时里，根据疼痛程度和焦虑症的发病次数，我要吃15到20片药。如果这些药有作用的话，我不介意吃下它们，可事实上，我的症状一点也没有减轻，每次发作都会让我更加绝望。

现在，马克和妈妈都对我的精神状态十分担忧。我不但严重抑郁，还无法和现实接轨，呈现出一些精神病的倾向。我会大声地胡言乱语，并不停地重复相同的话。出于对我的担心，马克打电话给我们上次去医院时遇到的一位神经科住院医生，向她寻求帮助。这位医生帮我们联系了另一位神经科医生，据说他是治疗疼痛、成瘾和多发性硬化症的专家。从四个月前我们搬到洛杉矶到现在，他已经是我们咨询过的第四位神经科医生了。

第二天，母亲、马克和我就去了N医生的办公室。我们在前台登记之后，就坐在那些铁蓝色的软椅上等待着。令我们惊讶的是，没过几分钟护士就叫到了我的名字。

N医生坐在桌子后面，微笑着和我们打招呼。他是个很整洁的人，一头白发打理得很好，整齐地梳在头上。他戴着一副双光眼镜，这让他那双有神的蓝眼睛看上去被放大了3倍。他稍微有些啤酒肚，80岁左右的样子。在他面前，我感觉非常放松，因为他看上去不是那种匆匆忙忙、贸然下结论的医生。他坐在椅子上，身体稍向前倾，开始问我一些问题：准确地说，你哪些部位感到疼痛？这种疼痛是什么性质的？是灼痛，刺痛还是酸痛？如果把疼痛分为十个等级，十级代表你经历过的最为严重的疼痛，那么你现在的疼痛可以划为几级？……一个问题接着一个问题。到目前为止，他是对我的病情询问得最为详细的医生，从我小时候得过什么病，到我的家族精神病史等，都问得一清二楚。

对于一位医生肯花这么多时间来询问我的病情，我还真有些不太习惯。当我如实把这种想法告诉他时，他对我说："我从医50年了。很多医生会因为没有时间而不听病人的陈述，我不愿成为那样的医生。"他一边耐心地听着我的回答，有时还会让马克或妈妈解释一下，一边还在笔记本上飞快地记录着。一小时之后，询问终于结束了。他放下钢笔，甩了甩右手。估计他的手已经写酸了。

"你还有什么要补充的吗？"他问我。

"不，没有了。"我回答着，彻底呆掉了。这家伙肯定是从另外一个时代来的，现在这个社会不会有他这样的医生。我已经习惯于跟医生见面之后，不到15分钟就被送出门外，然后拿着一张新的处方被打发回家。

N医生又让我到他办公室隔壁的检查室去，换上病人穿的长袍，这样他就能更好地给我做检查。随后，他走了进来，开始了一次我有生以来经历过的最为细致的神经学检查。他缓慢而又谨慎地实施着标准的神经学检测。之后，又开始了一种他所说的“老派的擦、刺检查”。在这项检查中，他用棉球还有一根无尖的安全针测试我的每一寸皮肤，不断地问着：是针刺还是棉球？是针刺还是棉球？以此来确定我脊髓的哪个部分受到了损害。很明显，像他这样辛苦地为病人做检查的医生已经很少见了。

终于检查完了。N医生让我换上衣服，和妈妈、马克一起到他的办公室去，大家一起谈谈。到这时为止，他已经为我花费了一个半小时了。真不敢相信，这位医生还没有要把我打发走的意思。这真让我有些受宠若惊。

我们来到N医生的办公室，他开始向我们陈述他的观察结论：

“我对你目前服用的药物配比感到十分担忧，”他跟我说，“尤其是那些让你上瘾的药。”虽然我的病症不轻，但还是有一些正面的结论，那就是我大部分的神经都是完整的。根据这次检查的结果来看，我的神经系统很有弹性，自我修复能力很强——总算还有点好消息。之后他还告诉我，他从没听说过哪个患上多发性硬化症的人会疼到我这种程度。事实上，近几年很多医生已经不把疼痛看做是多发性硬化症的普遍症状了。N医生问我，以前有没有哪位医生跟我提到过，大部分多发性硬化症患者是不会感到疼痛的。嗯……没有医生跟我说过。我真的开始怀疑，还有多少事情之前的医生从来没向我提到过。

我开始为自己感到遗憾。我很倒霉地得了这种病，在最好的情况下我也要一直应付那些不断发作的新症状；情况再差点，我就得瘫痪，失明，甚至死亡——我已经忍受了这么多了，难道还要让我忍受疼痛的折磨吗？真是荒唐啊！

N医生打算联系一位精神科医生，跟他讨论一下我的病情。于是，他立马就给他的同事S医生打了电话，帮我们跟他预约了时间。N医生建议我对目前的用药配比作些调整，并告诉我，等我去过S医生那里之后，他会给我打电

话，商量下一步的治疗。

我跟在妈妈后面，一只手扶着墙，费力地走出N医生的办公室。他一直看着我走到走廊尽头，跟我说："很明显，你的平衡力已经受到影响了。你肯定也不愿意摔倒，去买根手杖吧，这样更安全。"

在开车回家的路上，马克和我为手杖的事争吵了起来。妈妈坐在后面的座位上，默不做声。

"我不想要什么该死的手杖，"我对马克吼着，"我才35岁！我可不想像个老太婆一样拿着根破拐棍走路！"

马克还是把车开进了一家药店的停车场，然后走下车去买东西了。

回来的时候，他递给我一根丑得要死的手杖，那上面居然还用棕色、黑色和金色的人造大理石点缀了一下！"从现在开始，你必须要用这根手杖，这没得商量！我不想看到你因为过于自尊而受到伤害。"马克这样对我说道。

"我也这样想，凯米。"妈妈轻轻地说，"为了别人的看法去冒摔倒、受伤的危险太不值得了。你就用用这根手杖吧。"

"你哪怕买根全黑色的也好啊。这个太难看了！"我抱怨着将手杖砸向车门，双手交叠在胸前，拒绝再看一眼那丑陋的东西。

"这家店里只有这一根了。只要它能不让你摔倒，谁会在意它好不好看啊？"

"我在意！"说着我的眼泪又涌出来了，"我在意它的样子！"整个回家的路上，我一直在哭。

第二天我就去了S医生那里（*手里拿着那根丑陋的新手杖*）。S医生和N医生一样，都是十分细致谨慎的人。我和妈妈坐在他办公室的黑色皮沙发上，听着他用一种十分体贴而有分寸的方式，讲述他对我病情的看法。他认为我应该再次入院——不过这次是要做一个为期8天的药物解毒治疗。这样我体内的药物残留就会被去除，药瘾也会得到控制，我就能开始全新的治疗方法了。而且停止使用之前的药物可以为医生提供一些重要的信息，也就是说，能帮医生搞清楚，我的疼痛到底是神经受损的结果，还是药物依赖的产物。药物解毒之后，我的疼痛会不会减轻，就能告诉我们答案。

事实上，经过这么长时间的治疗，我已经有些麻木了，不知道是什么感觉。可是在见到这两位医生之后，我觉得我可以信任他们。所以，我同意了S医生的建议，答应来住院治疗。第二天，我就会住进加州大学洛杉矶分校医学中心（*UCLA Medical Center*）的精神科病房。N医生和S医生都跟我说，在我的症状有所改善之前，很有可能会进一步恶化——药物解毒是个异常激烈和痛苦的过程。我并不对此感到意外，不过我知道这个方法是正确的。我禁不住开始想象，能摆脱那一大堆药瓶子是件多么美好的事情啊。

那天晚上，我给姆巴利·克雷亚佐打了个电话，她是我的好友兼心灵导师——虽然她总说自己是个“女巫医”。姆巴利出生在南非，在她三岁的时候，由于种族隔离政策，和家人一起移民到了英国。她是个聪明的女人，安静、平和、有主见，会审慎地选择自己的言语。初次见面时，你可能不会觉得她有多么特别，可是随着时间的推移，她却能逐渐地对你产生影响。就是她把这种“29天付出”的治疗方法介绍给我的，所以从很多方面来讲，我都觉得自己欠她一条命。

我和马克是在2005年的时候认识姆巴利的，那时她还叫托妮，是我们的邻居。我们曾在奥克兰的梅里特湖附近住过一段时间，以求暂时躲避一下旧金山那令人发狂的喧嚣生活。每周都会有那么几次，我会和她一起拼车上班。我就职于一家工作压力很大的广告公司，而托妮则在加州太平洋医疗中心的健康与康复研究所工作。她是个很有创新精神的治疗师，参与并倡导了一系列课程的建立。在那里，他们把西医疗法同很多替代性疗法相结合，取得了不错的疗效。那时，我们相互都很友好，但还不算是真正意义上的朋友。我们认识大约六周之后，她打算去一趟南非，去拜访几位亲戚。这样，她敲开了我家的门，很礼貌地询问我和马克是否可以在她离开的这段时间里，帮她喂一下她的猫。当然，我们很乐意帮忙。

那天，我第一次走进托妮的家，差点被正门旁边一个很大的供桌绊倒。这个供桌上摆设的东西有些不寻常——在一个花瓶旁边，居然放着一瓶打开的伏特加，这让我很迷惑，据我所知托妮是不饮酒的。供桌上还摆着一个装满灰的碗，几堆石子和贝壳，还有几尊非洲的雕像，不过看起来都有些暴力、狰狞。

我曾经尝试过各种各样的精神修炼，也因此认识了一些朋友，他们中有些人家里也摆着供桌，不过他们只是供奉一些漂亮的水晶，或是几张天使的画像，有些甚至干脆只放一个十字架。托妮家的这个供桌上摆放的东西真的让我很诧异。虽然我知道没什么可害怕的，托妮一直都是个善解人意、有爱心、乐于助人的人。可是尽管如此，我每次去照顾小猫的时候，还是会对这个大供桌敬而远之，刻意地避开它。我想过等托妮回来的时候问问她，看她在“修炼”什么，可是最后还是没有去问。因为我觉得如果她想告诉我的话，不用问她也会告诉我的。

托妮从南非回来之后，就向我们宣布，她改了名字，以后大家要叫她“姆巴利”了。过去我也有几个朋友，跑到印度去拜见古鲁（*guru，印度教或锡克教的灵性导师或领袖*），回来之后就改了名字；还有一个朋友改名是因为不喜欢父母给起的名字，这种事很常见。所以，我们就开始叫她“姆巴利”，并没有多想什么，她还是原来的她。不过很明显那次南非之行确实改变了她，至于改变了多少，我也是后来才知道的。

几个月之后，姆巴利也还了我们一个人情，在我和马克去墨西哥举行婚礼、度蜜月的时候，帮忙照看我们的猫咪。我向来都是个工作狂。作为一家广告公司的创意战略总监，我的收入很可观，当然这份工作的压力非常大，工作时间也很长，每周至少要工作60个小时。就在婚礼的前一个月，我还在为一个新接手的大型项目忙碌着。那时正处于项目的收尾阶段，我经常注意到自己的思维有些运转失常。有时，一些词就在嘴边，可是就是不知道如何表达出来；我发觉双手很疼，还有些僵硬，我可以让手指在键盘上舞动，但是却常常无法敲击到正确的键位。我把这一切都归结为压力太大的缘故。最后还是圆满结束了工作任务，愉快地登上了去往墨西哥的飞机，奔向我的婚礼。我和马克在卡门海滩度过了无比欢快、放松的三周时间，40位亲人和朋友同我们一起庆祝着这一幸福时刻。

可是，当我们回到家中，大约几星期之后，我们的生活就彻底崩塌了。

我大概是在2006年才注意到这些奇怪的症状，可是现在看来，在之前的15年里，我的身体已经明显地呈现出一些多发性硬化症的症状了。有时我的脚趾或手指会变得麻木无知觉；有时在入睡的时候，整个身体都会变得很迟钝、不听使唤，就像很多人入睡时双脚的感觉一样；有段时间，我呕吐得厉害，一星期瘦了20磅；我还感到十分疲劳，步行去两条街外的汽车站都要中途休息两三次。医生们总是告诉我，我的身体没有任何毛病，只是压力太大引发了这些症状。而他们给我的唯一药方就是让我多休息，放松自己。

于是在1997年的时候，我开始寻找一些替代性的治疗方法。那年我24岁，刚从内布拉斯加州搬到旧金山一年。在旧金山湾居住的十年间，在我的病还没有确诊之前，我一直定期地去做针灸，让几个不同的按摩师给我按摩；还去做脊椎指压、催眠、甚至是冥想；我还专门咨询了营养师，调节饮食；此外，我至少每周5天的时间去练习瑜伽。所有这些，都起到了很大的治疗效果。我一直坚定地认为，如果没有这一大堆“非主流”的替代疗法，我现在的状况会更加糟糕。我觉得，是这些疗法暂时压制住了我的多发性硬化症，不过它们也只能压制这么久了，紧张的生活早已让我的身体不堪重负。长时间的高压和自身免疫性疾病之间有很强的联系。科学家们也一直在研究着两者之间的关系。不过我认为，如果当初我能改变一下生活方式，或许这种多发性硬化症也就不会在我身上全面爆发了吧。

我和马克度蜜月的时候，我得了尿路感染。那时我们还有四天时间就要离开墨西哥了，于是我打算回到美国再去治疗。可是等我们回到家再去治疗的时候，感染已经非常严重了（*也是从那时我开始了解到，尿路感染可以说是多发性硬化症的催化剂，会使病情进一步恶化或者提前发作*）。我看了医生，没多久感染就被治愈了。可是在第三天的早上，我醒来的时候发现双手不能动了。我无法弯曲手指，只能让两手像动物的爪子一样直直地伸着。接下来的几天里，我都感到极为疲劳，上班时什么都做不了。再后来，我的右眼就看不见东西了。在脱离正规治疗很长一段时间之后，我不得不又回到了“主流”医生那里。

就在一个月之后的婚礼纪念日那天，我被诊断为患有多发性硬化症。三名穿着白大褂的神经科医生轮流查看我的右眼，不断点评着我视神经的退化程度。他们给我做了一系列的标准神经学检测：将食指和拇指捏到一起；竞走；用食指触摸鼻子。加州大学旧金山医疗中心的一位顶级神经科医生给我看了一张我的头部核磁共振扫描图片，确诊了我的病症。

“你看到这里的一个白色钩状缺损没有？”他指着他的电脑屏幕，问我，“这个是典型的多发性硬化症缺损。从你以往的病史来看，我估计你在十多年前就已经患上这种病了。”

“十年！”马克喊道，不由得惊呆了，“都十年了，为什么没有医生早些发现呢？”

“我认为可能是她没有一次呈现出足够的症状，所以医生没法精确地作出诊断。”医生这样回答了我们。我明白这怪不了别人，可是对于那些在这么多年里，一直对我说“你没什么病，只是压力太大”的医生们，我还是禁不住要去抱怨。

现在，我正坐在那里，给姆巴利打电话。明天我就要住进精神科病房开始我的“戒药”之旅了。她专心地听我讲述着这段时间的经历，静静地听着我的哭泣。之后，她就用她那英式的很有节奏的语调和我说话，试图把我从自怨自艾中拉出来。

“凯米，我想你不应该再考虑自己了。”

有那么一会儿，我被惊呆了，一句话都说不出来。我想象着电话那头的姆巴利正坐在她那独特的供桌旁边，她银色的头发和古铜色的皮肤在柔和的灯光下闪闪发光，她现在可能戴着自己做的那条漂亮的五颜六色的项链，微笑地面对着我惊呆的反应。

“考虑我自己？”我怒吼着。开始大声跟她讲，我现在是个什么样的废人，我的身体多么地不中用。我告诉她，现在除了我自己，我的脑袋里没有地方再考虑别的东西。

“我知道，可这正是问题所在。”她说，“如果你把所有的时间和精力都集中在你的疼痛上面，那你就是在喂养你的疾病。你把所有的精力都放在病痛上，只不过是让病情不断恶化。”

我静静地听着。

“凯米，”她说，她的嗓音温柔而让人安心，可是她的话却在重重地击打着我，“你现在就像是在黑洞中越陷越深，我只是想给你一份工具，帮助你把自己从黑洞中挖出来。”

“那我该做些什么呢？”我问。

“我有一份秘方要给你。我希望你可以在29天里送出29份礼物。”

我眨眨眼睛，思考了一下，最终还是觉得这方法不切实际。而且，我接下来的8天都要住院，在那里我怎么向别人送出礼物呢？

“医院里肯定会有其他人啊，”姆巴利反驳道，“你可以把礼物送给他们。而且这些礼物并不一定非要是物质性的东西。”

我仍然坚持认为，我应该把所有精力都放在我的治疗上。可是姆巴利平静地指出了一件被我忽略的事情：“凯米，治疗不会发生在真空的环境下，而是在我们同他人的互动和交流中逐渐完成的。**付出，会让你关注你有什么可以奉献给别人，这会让你的人生更加丰富。任何形式的付出都是一种积极的行动，都有可能开始一段变化的历程。它可以转移你对生活的能量。**”

我已经有些心不在焉，开始思考自己要为此忍受些什么了。我浑身疼痛，连走路都很困难。你是在告诉我只要我施舍给别人几个零钱，或者给别人帮个小忙就能让这些症状有所改善吗？得了吧！

姆巴利开始给我讲述这个“29天付出”的挑战对她的影响。从某方面来说，她的话还是有些道理的，可是我真的不打算接受这个建议。她说付出可以让人变得谦逊，可以让人心胸开阔，可以让人重获新生，等等。

除了要每天送出礼物之外，还要用日记记下这29天所发生的事情。如果哪一天不小心漏掉，没有送出礼物，那就要重新开始。这样就可以把之前聚集的能量释放掉，并且让它们重新聚集起来。

虽然我之前做过这样那样的替代性治疗和精神修炼，可是对于这个方法我还是没什么耐心。要知道我现在正处于一场医疗危机当中，我可没什么意志去坚持到底。我顺手抓过日记本，在上面写了一句“29天送出29份礼物”。然后我合上日记本，礼貌地对姆巴利说了句“晚安”，就挂断了电话。

第二天下午，母亲和马克把我送到了加州大学洛杉矶分校的精神科病房。入院之后，他们就不能再为我做任何事情了。妈妈告诉我，她会每天为我祈祷。马克也向我保证，等明天把母亲送到机场，让她回内布拉斯加州的家之后，他会在会见时间来医院看我。就这样，他们把哭泣的我扔在了护士站旁边的一张油灰色塑料椅子上，离开了。

在医院的那八天真是地狱般的生活。我和另外两个女人住在同一间病房里。我的病床夹在她们两人中间。而这两个女人一个是来戒毒的，常常会呕吐不止；另一个则患上了妄想型精神分裂症，认为只要是走进她周围50英尺范围之内的人，都想要杀害她；而医生们之所以让我住进医院，是想要让我在他们严密的监控下，逐渐停止使用我之前的药物。到了第三天，我已经虚弱得不得了，只能借助轮椅代步。

尽管如此，我还是坚持参加医院安排的各种治疗和药物依赖治疗小组。我还在一期职能治疗课上，用贴纸装饰了一下我的手杖。我把它变得十分鲜艳，五彩缤纷，看上去就好像一件漂亮的服装配件，是我的一部分，而不是像之前那样，是因为我腿脚不好使而不得不拿着的一根丑陋的附属品。跟计划的一样，我终于摆脱了除克帕松之外的其他所有药物。克帕松是一种免疫抑制药物，我每天都会给自己注射一针，以抑制病情的恶化。N医生和S医生决定开始给我使用千忧解（*Cymbalta，也叫盐酸度洛西汀*），这种药既可以抗抑郁，又能治疗焦虑症和神经性疼痛。现在我不再使用之前那些肌肉松弛药、镇痛药和镇静类药物了，就是这些药物让我成瘾，而且据两位医生所讲，这可能还是种错误的药物配比。可是我还是感到周身灼痛。这样看来，这些药物的使用也没什么错。最新的核磁共振扫描显示，在我的胸椎上有一处缺损，而它可能就是引起疾病的罪魁祸首。

到了第八天的时候，我开始欣赏并且尊敬我的室友了。我们都在努力将各自性格中的恶魔杀死。我还和凯蒂，就是那个来戒毒的“邻居”，成了朋友。在我离开医院之前，我把自己带来的一本叫做《回家》的书送给了她。这本书讲述的是一对母女从女儿染上毒瘾到成功戒毒的过程中所经历的故事。我还在书里写了一些话：请记住，每个人都有一个属于自己的守护天使。你应当过上幸福的生活，请为自己作出选择。然后我告诉她，我希望在不久的将来能在戒瘾互助会上见到她，并且把我的电话号码留给了她。

我蹒跚着走出封闭的病房。八天了，我第一次走进那灿烂得让人睁不开眼的阳光之下。这时我才意识到，我是个多么幸运的人呀！至少我的思维还在正常运转着，虽然它不像以前那般敏锐。我低下头，看着我那漂亮的新手杖，我把自己最喜欢的两句话贴在了上面，希望它们能给我信心：

一句是：故事之外也有奇遇。

另一句是：事实上，好运往往会眷顾那些无法等待的人。

在经历了这么多病痛的折磨之后，我第一次觉得生活还有些希望，或许我开始踏上康复之路了吧。

总算到家了，我早已筋疲力尽，因为在医院的这些天里，我一直在失眠，每晚的睡眠时间都不会超过两小时。我像精神错乱一般，拉着马克和他聊了几小时。之后我们又开始做爱，这也是六个多月以来的第一次。

不幸的是，失眠的毛病并没有因为我回到家里而终止，我还是会不断地感到疼痛、虚弱，很多其他症状还是像以前一样纠缠着我。过了一个星期，我走路还是很困难，我已经失去平衡。由于双腿十分虚弱，我只能蹒跚着行走，每一步都是那么沉重。这时疲劳的症状也更加严重了，我甚至没法自己从床上坐起来。我再次陷入到那种熟悉的恐慌和绝望之中。我在医院度过的那噩梦般的一星期就是这样的结果吗？我的努力都白费了？我才35岁，我的身体却背叛了我。我本应该和我的新婚丈夫好好地享受生活，可是现在我却成了一个废人。这不公平！就这样，我开始了新一轮的自我怜惜。

又是一个不眠之夜，我坐在沙发上，打算写篇日记。我打开那印满淡紫色小花的日记本，恰巧看到了一个月前我用绿色签字笔随手记下的那句话：

29天送出29份礼物。

噢耶！我在心里喊道，这不是姆巴利给我的建议吗。既然我从日记本里找到了它，那么这次我就试试看吧。为什么不呢？同之前忍受的那些痛苦相比，这又有什么困难的呢？

我决定按照姆巴利的建议去做，虽然这个“药方”很特别。我并不奢求能有什么巨大的变化，但还是有些怀疑它会不会让我再次受到伤害。谁又知道呢？也许它会对我有些帮助吧，我这样想着，合上了日记本，开始思考我的第一份礼物应该是什么。

29 Gifts for Perfect Life

第1章

一个电话带来的惊喜

3月19日 星期三

一件举手之劳的小事就能给我们的生活带来全新的改变，而大多数人都没有意识到这一点。如果你想让人生有更美好的改变，不妨就从这本书开始吧。

现在我要开始思考一下，这种多发性硬化症除了带给我这么多难以忍受的身体上的症状之外，又是怎样让我的自尊和自信一落千丈的。我觉得自己没法再过那种有价值的生活了，对这个世界一点贡献也没有。我的工作没了，随之而去的还有我大部分的自我认同感。一种从来没有过的挫败感渗透到了我身体里的每一个角落。连我自己都有些讨厌自己了，还有谁愿意和我待在一起呢？所以我把自己封闭起来，早就不再去拜访那些老朋友了，觉得没什么高兴的事可以和他们分享。

可是，这一切都没有改变我要尝试这个“29天付出”药方的想法。我打算就在今天送出我的第一份礼物。我能送给别人什么呢？我试着回忆那天姆巴利对这个药方的描述，只是当时我还不太愿意接受这个方法。我走进厨房，给自己泡杯茶，就在这时，我突然知道该送什么了。

我要给我的朋友劳瑞打个电话，她也是一名多发性硬化症患者。正是她给了我很多启发。虽然她只比我大十来岁，可是她在20世纪70年代就得了这种病，到现在已经和这病作了30几年的斗争了。她的症状比我严重很多，要依靠助步器、拐杖或者她的小电动摩托才能走动一下。尽管有这么多障碍，她每天早上7点依然会准时出现在健身房里，进行康复训练。

“凯米！”劳瑞接起电话后高兴地大叫我的名字，“能接到你的电话真是太好了！”我们聊了一个多小时，为彼此能够重新取得联系而开心。从电话里得知，她的丈夫现在不在镇上，她一个人很孤单，我就对她说这个星期要去她家里看她。挂断电话之后，我的心情平静、开朗了许多，我的脸上甚至还挂上了一丝微笑。

当电话铃声响起时，我还在微笑着。令我惊讶的是，这是一家大型慈善性企业给我打来的电话，他们表示可以给我提供一份市场顾问的工作。这些天以来，当我觉得自己的身体状况还算可以的时候，就会为一些刚刚开始创业的公司和一些非营利性组织提供一些市场营销方面的咨询服务，以此来补贴每个月那为数不多的残疾人保险金。这几个月我都没什么精力去工作，更别说去找客户了，可是这个电话太令人意外了！“是的，我非常感兴趣！”我对着话筒激动地说着。于是我们就开始筹划各种细节，并且约好几天之后再详谈。

哈！这也太快了吧。我禁不住要把这份刚找到的工作和我给劳瑞打的那个电话联系到一起，那是我送出的第一份礼物。不过我是个无神论者，就算是上天会把各种能量作一个转换，让人付出之后会有回报，那也得需要一些时间吧，怎么会这么快！无论如何，我还是为此感到非常高兴，同时也在心里为这份咨询工作做好了准备。我要出门去吃个早餐，还要到外面走一走，来庆祝这个好消息。不过我还是需要马克的帮助才能安全走出家门。我们现在住的是一栋两层的房子，里面的装修很有艺术气息——房间里有很多嵌入式的橱柜，门上镶着漂亮的铅玻璃，还摆放着很多古色古香的木器，可是在一楼和二楼之间，还有一段深颜色的、倾斜度很大的14级的楼梯。这对于一个四肢和大脑无法同步的病人来说，是个非常可怕的东西。

马克把我扶下楼，开车将我带到附近的一家咖啡馆里。然后他就去参加一场配音甄试了。马克是个配音演员，靠给电视剧、电影、广播剧甚至是游戏配音来赚钱养家。他会在两三个小时之后来接我。

这家店的门口有一些拼在一起的小桌子，比起后面那些宽敞的大桌子来，这些小桌子更适合我这个拿着手杖的人。“我能坐在这儿吗？”我问旁边一张桌子旁穿着AT&T（*美国电话电报公司*）蓝色制服的男士。

“当然可以，没问题。”

我是第一次来这家店，看了一眼菜单，我问旁边的那位先生：“这家店有什么好吃的吗？”

“我经常来这里，”他说，“我觉得这儿的食物都挺好吃的。”这时，他看了看我的手杖，问我：“发生了什么事吗？您出了什么事故吗？”

“不，”我向他解释着。思考着该如何回答这个问题。“我得了一种病。自从我搬到洛杉矶以来走路就很困难了。”我还从没有像这样和陌生人开始一段对话，也从没有人像他一样注意我走路的方式。我们吃着各自点的食物，偶尔会简短地说上几句话。他比我先吃完，站起来向我说了声“再见”就离开了。我也回了一句，然后低下头继续啃我的马铃薯煎饼。

不一会儿，服务生走了过来，告诉我刚才那位穿制服的先生已经帮我买单了。

真的假的？我可从没遇到过这种事情。

“真是个善良的人。”我对服务生说。我们连对方的名字都不知道，他居然帮我付了钱。“大概洛杉矶人要比传说中善良得多吧。”

服务生一边大笑着，一边帮我收拾了餐桌。我把手伸进钱包，打算给他一些小费，最后，我终于找到了3美元的零钱。我之前本来打算用信用卡付账的，顺便把他的小费也算在里面。

我一边吸着橙汁，一边看着其他食客。突然想到在马克来接我之前我还有好几个小时要打发。我真不愿意相信，我居然连一本书或者我的日记都没有带来！让享用免费早餐的喜悦变成闲得发慌的沮丧是一件很容易的事情。可是我不想破坏这一早就聚集起来的良好气氛。那好吧，凯米，你是不会坐在这里无所事事的。我对自己说。不，我不会那样的。我要拿着手杖，自己走回家去。

其实和往常一样，我今天依然是浑身疼痛，双腿僵硬。今天的身体状况没什么不同。不同的是我觉得与其坐在这个小餐桌前面发呆，还不如试着靠自己走回家去。我带着手机，可以随时跟马克联系。如果我走不动了，就可以让他到路边的长椅或者哪家的院子前面来接我。

凭自己的力量站起来真是件困难的事情。我刚一迈出咖啡馆的门，立马就为要步行六个街区而感到心虚。这几个月以来，我连一两个街区都没有走过。

只要用心走好每一步就可以了。我心里想着。穿过停车场，就朝着家的方向出发了。我慢慢地在圣莫尼卡大道上穿行，还没等我走到路对面，路口的绿灯就变成红灯了。我站在路中间，虽然不是特别危险，但毕竟我正处在一个不利的位置上。尽管这一路我走了45分钟，可是我终于还是走到家了。我像胜利的将军一般站在自己房子前面，为今天的成绩感到惊讶。我几乎是爬着把自己拖上楼梯的。我坐在楼梯顶上，头倚着手杖，如释重负般地抽泣着。我一个人走回来了！我真的没想到我能走回来，真的。我还能不能做些别的事情呢？

我很累，但是也很激动。马克回来之后，我就滔滔不绝地把这一上午的事情都告诉了他。我们都觉得很开心。

“真是太棒了，凯米！我真为你感到骄傲！”马克笑着说。

我们一起度过了一个平静的下午，没有任何分歧。这可是很少见的。因为我们两人都为我的身体状况感到沮丧，经常会发生争吵。我几乎都想不起我们上次的和平共处是在什么时候了。

晚上，我又去参加了一场戒瘾互助会。我从12岁第一次喝醉酒开始，就养成了精神性物质滥用的习惯。我总是试图逃避自己的感觉，我想成为一个酒鬼，可是自己的酒量又不好，喝酒只会让我呕吐或者昏迷不醒。之后我开始吸大麻，吸很多大麻。接着我又染上了药瘾，一些处方药，比如安眠药、抗焦虑药和镇痛药成了我的新“嗜好”。每隔两三年我就要戒掉这样那样的不良嗜好。12年来，我一直都在努力过上清醒的生活，对自己的行为有所节制，可是这些毛病却总是一次又一次地复发，我自己都记不清有多少次了。

这次从医院出来之后，我开始了节制的生活，不再吃之前的药了。实际上，我一直在偷偷地过量服用那些药物。所以，只要我能走出家门，我就会来参加这种聚会。马克过去也有物质滥用的问题。我们就是在一次戒瘾互助会上认识的。不过他的意志力很强，懂得克制自己，戒瘾对他来说并不是件困难的事。七年前他就戒掉了酒瘾和毒瘾，至今再也没有复发过。

在今天的聚会上，一个叫英格丽的女人给大家讲了一个她和她妈妈之间的故事。两星期之前，英格丽刚刚从母亲的葬礼上回来。她说，她的母亲死于多发性硬化症的并发症。

英格丽的故事吸引了不少人。她用她独特的伦敦口音向我们讲述着：“我妈妈在她生命的最后十年里受尽了折磨。除了花钱雇来的护工之外，她身边几乎没人陪伴。就在她快要不行的时候，我来到了医院。就在那一刻，妈妈流下了眼泪，似乎她一直在等着我，只有我来了她才能安心地离开。”我听着英格丽用简单的话语讲述着这个感人的故事，眼里也充满了泪水。从小她的母亲酗酒，并且虐待她，但是最后英格丽用她的宽容让她和母亲都得到了解脱。在母亲戒除了各种不良嗜好之后，又和她建立起良好的关系。而早在十几年前，英格丽就已经开始节制自己的生活，不去沾染不良习惯了。

会后，我和英格丽还有其他一些人聊了一会儿，又向他们要了电话号码。我不太擅长交际，这还是我四个月前来到洛杉矶之后，第一次集中精力、专心地想要结识一些朋友。

从互助会上回来之后，我还兴高采烈地和马克一起出去吃了晚饭。回到家中，躺在马克身边，我开始回忆这让人无比惊喜的一天。我今天出去了三次，这比三四天才出去一次好多了。我给劳瑞打了电话，送出了第一份礼物。我一个人从餐馆走回家里。我甚至还在互助会上结识了几个新朋友。马克把我照顾得如此周到……他真的已经很努力了。

我满足地翻了个身，许多个星期以来，我第一次在没有服用任何药物的情况下安然入睡，一晚上也没有醒，足足睡了8小时。第二天起床时心情很好，准备愉快地迎接新的一天。我不知道这和我的第一份礼物有没有关系，但是我正考虑着如何送出第二份礼物。

29 Gifts for Perfect Life

第2章

付出让我学会了接受

3月20日 星期四

用心地付出让我在生活中找到了归属感。

学会优雅地接受别人的帮助，是我们在尝试付出时必须学会的一门艺术。

这些天，无论做什么事情，哪怕只是一个小小的动作，我都要花上原来两倍的时间。以前我可以随便抓起一瓶洗发水，轻快地打开瓶盖，从里面挤出一些香波，这一系列动作可以在一瞬间完成。可现在，我只能把洗发水的瓶盖一直打开着，因为我的手已经虚弱到连瓶盖都无法推开的程度。就在今天早上，这瓶洗发水已经被我打翻两次了。这跟调节洗澡水的温度一样，都属于平衡问题。我真怀念那舒服的热水浴啊！但是现在，热水会让我的症状恶化，我不得不把水温调得很低，调到我能忍受的最低温度。我正准备着和金医生的会面，她是我的针灸医生，不过我可能要迟到了。

我的四肢都在缓慢地回应大脑的指令。目前，我的主要症状是极度疲劳、平衡性差、手脚活动不自如，以及认知困难，也就是说，我无法集中精力，记忆力也很差。我常常是开始了一项活动，没等到任务完成就已经忘了自己要做什么。我坐到电脑前面时，会惊讶地发现有一封我几小时前就开始写的邮件，到现在也没发送出去。有时，我可能会把食物放在灶上一直烧着，因为我根本就忘记了我正在做饭。马克也常常会感到十分沮丧，因为他不得不一直提醒我之前的谈话内容，这些我自己是没法想起来的。

我坐在浴缸里，正往身上涂抹着布朗纳医生开给我的薄荷精油香皂。这时，我听到有人在按门铃，一定是金医生来了。她很准时，可我却还没准备好呢。她每次都会到家里来接我去她的办公室做针灸。因为她换了办公地点，而新地方离我家很远。如果这还算不上慷慨的话，我还告诉你，到现在为止，她一直都没有向我索要治疗费用。自从上次出院到现在，我每天都到她那里针灸，却一直没有付钱。这让我感觉很不好，可是说实话，我现在真的没有钱支付这个费用。而金医生却一直跟我说，如果我需要的话，她会一直帮我治疗，等到什么时候我的症状减轻了，可以重新开始工作，那时再向她支付医药费也来得及。

终于洗好了，我关掉水龙头，小心翼翼地从浴缸里走出来，把身上的水擦干，穿上衣服，拿起手杖，艰难地走下楼梯，走出门外。金医生正坐在那里，耐心地等待着。

“对不起，我迟到了。”我一边锁门，一边对她说。

“没关系。”她站起身，挽着我的胳膊，把我扶到她的车上。

金医生是韩国人，虽然她在洛杉矶从事针灸治疗已经有七年的时间了，可是她的英文还是不太好。相对来说，她能听懂我说的话，可是却无法将自己的意思表达清楚。我们常常要通过手势和肢体语言来交流，就像猜哑谜一样。

“真的很感谢你每次都来接我。”我对她说。我们正沿着日落大道一路朝东面驶去。

“没关系。”她又说了一遍，“你今天感觉怎么样？”

“很奇怪。”我回答说。然后机械地罗列出一些问题的答案，因为这些问题是她每天必问的：“胃口好。昨晚睡觉好。精神和平衡好了一点。”

“好，好，这很好。”前面有红灯，金医生一边说着一边放慢了速度，把车停了下来。她回过头看着我，乌黑的波波头来回晃动着。她今年37岁，比我还大两岁，却长着一张娃娃脸，看上去像个小女孩一样。“那便便呢？你有便便过吗？”

“昨晚一次，今早一次。”我告诉她。她脸上顿时洋溢出胜利的微笑。

“哦，非常非常好！”她坐在椅子上开心地颠着，不一会儿交通灯变绿了，她才安静下来。

金医生对我的胃肠功能十分关注，或者准确点说，对我胃肠功能的衰退十分关注。有时，我连续4~6天都不排便。现在，金医生想通过她给我配的一些苦涩的草药，来改善我的胃肠功能，让我能够正常排便。看起来，她的药开始起作用了。

当我们在她的新办公室门前停下时，一种愧疚感再次涌上我的心头。洛杉矶的交通十分拥堵，金医生要开车从韩国城出发，一路开到好莱坞，到我家来接我。而且等下她还不得不开车把我送回去。向别人寻求帮助会让我感到不安，可是从11月初开始，我就不再开车了。那次我把朋友的车撞到了水泥墙上，只是因为我的右脚不受大脑控制，没法从油门上挪开。

“金医生，真的很抱歉，每次都麻烦你接送我。”我向她表达我的歉意。

我们走进她的办公室，她扶着我坐到一张椅子上，然后自己坐到了办公桌后面。上次我来的时候，带给她一盆很水嫩的植物，希望能给她的办公室增添一些生气。我还用橙色记号笔写了一张“谢谢你”的小纸条，把它粘在一根牙签上，插到盆里的泥土里，表达我的谢意。现在那盆植物就放在她身后的一个架子上。

“凯米，没（*别*）担心。”她说，“你不只（*是*）病人，你（*是*）我第一个美国朋友。我帮你。这个开车（*接送*），治疗，（*都*）是礼物。你（*能*）接受（*它们*），会让我开心。”

我沉默了一会儿，眼泪不自觉地涌了出来。她的慷慨和无私让我如此感动。我也开始明白，或许我应该接受别人的帮助。就像现在一样，我正尽力想要送出一些“礼物”，那么也应该试着接受别人的“礼物”。

“谢谢你。”我流着眼泪对她说，“真的非常感谢你。”

“没关系。”她说着，递给我一张纸巾，“现在（*开始*）治疗。你脱下衣服。到台子上去。我洗手。（*一会儿就*）回来。”

这种治疗持续了一小时左右。之后金医生开车送我回家。这次，我只说了一些感谢的话，没有再因为自己需要她的帮助而向她道歉。这简直是一门艺术，让我学会了如何优雅地接受别人的帮助。

回到家里，午饭之后我小睡了一会儿。最后是电话铃声把我吵醒了。

打电话的是我的朋友艾琳，最近她也从旧金山湾搬到了洛杉矶。因为我病得太严重，以至于到现在我们都还没有见过面。她说她想要过来看我，这样我们也可以一起出去走走。对！不管什么时候，只要我有力气，都应该出去走走，这是很重要的。行走不但能帮我恢复身体机能，还能增强神经、肌肉和肌腱的协调性，抑制病情的发展。总之，这种运动可以帮我拖延时间，不用那么早坐上轮椅。

下午4点，我和艾琳一起走出家门。外面还很暖和，不过好在我们不用顶着洛杉矶的大太阳散步。走了几个街区之后，我的步伐不再像刚开始那么僵硬了，差不多都能跟得上艾琳的脚步。每走一步，我的手杖都会轻轻地敲击着地面。有人陪着一起散步真好——我就不用为走不回去而担心了。我们踩着好莱坞大道上粉红色的小星星（*好莱坞大道上有数千枚星形奖章，上面刻有影星的名字*），一直走到柯达剧院，每年的奥斯卡颁奖典礼就是在这里举行的。在那儿我们看到一群人聚集在人行道上，有些人还用脚在地面上敲打出hip-hop的节奏。原来他们正在观看九个年轻人的街头表演。

我们也停了下来，走过去看看这几个年轻人的演出，感受一下霹雳舞那让人震撼的威力。那几个舞者像弹力球一样从水泥路面上弹跳起来，给他们的表演增色不少。这时人群里爆发出一阵阵的喝彩，还有人加入到他们的行列当中，和他们一起蹦跳着。一个男孩来了个大幅度的身后屈，两脚一踢，居然倒立了起来。这还不算，他用一只手就能把整个身体支撑起来。就这样，他两只手轮换着撑在地上。可刚换了两三下，音乐就停了。领头的一个拉美男孩走了出来，告诉大家马上就到精彩的结尾部分了，不过大家先得给他们“捐”点钱。这个十七八岁的漂亮男孩像个拍卖师一样向观众游说着。我不自觉地把手伸向腰带，我在那里夹了一张5美元的纸币，留着紧急的时候用。这让我很惊讶，我是很少把钱送给街头的乞讨者的。那个年轻的男孩拿着一个紫色的天鹅绒钱袋，径直走到我面前，好像他知道我心里在想什么一样。我把那张钱抽出来，递给了他。他眨了眨眼睛，我的脸一下子就红了。他和我握了握手，然后转向其他人，把我那5美元拿在手里使劲地挥舞着，好让别人都看见。他回头指向我，喊道：“嘿！瞧瞧！这位富有的白人女士给了我5块钱！”

这似乎起了个带头作用，围观的人们纷纷掏出自己的5美元纸币。很多人都和我给的差不多，有些人甚至比我给的还多。而表演的结尾部分就是从观众里走出两个十五六岁的女孩和一个七八岁的男孩，加入到表演当中。舞跳得不错，大家都很喜欢。

回家之后，我决定给姆巴利打个电话，告诉她我接受了她的建议，按照她的方法一步步开始实行了。“你知道吗？”我对她说，“我之前从没想过要尝试这种‘29天付出’的方法。不过从昨天开始，我已经这么做了。而且好事情真的发生了！”

她的声音里带着笑意。“这一点也不奇怪，凯米。”她说，**“不管物质生活有多丰富，人们总会觉得缺少些什么：我们总是觉得拥有的还不够多，自己还不够完美。但是一旦我们意识到自己是某些更大的团体中的一员时，我们就不会在这种缺失感中迷失自我，就会知道我们其实有很多礼物可以奉献给这个世界。”**

这个时候我才真正理解了姆巴利的话。“29天送出29份礼物。你把你送出的礼物都记下来了吗？”她问我。

她解释说，把整个过程都记录下来是个很好的方法。**只有用心地记录每一次经历，用心地送出每一份礼物，这个方法才会真正起到改变你的作用。**她还提到，每天早晨醒来时，冥想一会儿或者给自己一些自我肯定都会对我有帮助。我已经有段时间没有练习冥想了，不过还是很希望能重新修炼一下。至于“自我肯定”嘛，一些简单的句子，例如“今天我要快乐地付出”或者“今天我会耐心地付出”等，都可以为全天定下快乐的基调。

礼物可以是任何东西，可以是几元零钱，也可以是一句关心的话或者一个善意的想法。除了要送出礼物，“29天付出”的药方还要求我们每天都要心存感激，要不断反思自己家族里奉献的传统。

“感恩可以让你心胸开阔。当你带着一颗宽厚之心去付出时，你也会收到很多礼物，它们会让你变得谦逊。”姆巴利说。

现在，我属于某一个团体了，我没有被抛弃，也不是独自一人。我会在这种动力之下开始新的生活。

29 Gifts for Perfect Life

第3章

帮劳瑞找回生活的勇气

3月21日 星期五

如果一直关注错误的东西，就会错过正确的事物。要想成为什么样的人，就要多跟那样的人接触。只有这样，生活才能变得更加的积极。

我和马克坐在车里，车窗外面是一幢小小的、可爱的农场屋。房子前面有一排很长的黑色金属扶梯，一直延伸到正门前面。我很害怕，也很紧张。这种事不能发生在我身上。我不想靠什么扶梯、助步器还有该死的轮椅来走路。

我来这儿是要拜访这所房子的主人——我的朋友劳瑞，我第一份礼物的接受者。她也是一名多发性硬化症患者，或者我应该说，她是一位正与多发性硬化症作斗争的“战士”。虽然她面临着各种身体障碍，但她还是带着极大的热情追寻着自己的生活。在与身体上和精神上的各种病痛作斗争的过程中，我认识了两种“病人”：一种人在听到医生的诊断时，就被这种疾病控制住了。他们会觉得自己是个不幸的受害者，整日为自己的命运黯然神伤；而另一种人会正视自己的疾病，负责任地为自己治疗，会以一种更有意义的方式继续生活下去。在不同的时期，我在两个阵营之间来回游走。不过可以肯定的是，我已经在受害者这边浪费了六个月的时间了。上帝，我已经准备好要脱离那个阵营了。

这也是我今天到这儿来的原因之一。我曾在精神健康恢复课上学到过，要想成为什么样的人，就要跟那样的人多接触，这是改变自己的最佳方法。劳瑞拥有生活的勇气和动力，而这正是我迫切想要找回的东西。

现在是上午11点20分，比我预计的到达时间晚了很多。虽然我从来都不是什么准时准点的人，不过自从得了多发性硬化症之后，守时变得更困难了。劳瑞对我每天都要面临的困难再熟悉不过，所以当我打电话告诉她我要迟到的时候，她并没有感到不愉快。

我和劳瑞是在一个叫做“最佳生存计划”的多发性硬化症社团工作室里认识的，我们俩一见如故。不过这还是我第一次到她家里拜访，我也是第一次看到门前修了一排扶梯的房子。马克扶着我走上扶梯，我差点被从门里冲出来的大狗扑倒在地。它叫“薯条”，是条澳大利亚牧羊犬。很明显，我的到访让这个大家伙很是兴奋。房间的角落里摆着一架钢琴，琴盖上堆满了女孩子的衣服。劳瑞有个十二岁的女儿，这些衣服肯定是她的了。房子里有一块敞开的空地，是她家的起居室、阳光房和餐厅。我扑通一声紧挨着劳瑞坐到了她漂亮的碎花沙发上。马克把我的大购物袋放了下来，那里面被我塞得满满的，都是我从家里带来要送给劳瑞的东西：一些我自己种的有机草莓，一本书，还有金医生秘制的神奇的通便药。把我们安顿好之后，马克就离开了。有人照顾我他也就放心了。

“我喜欢你家的房子，”我跟劳瑞说，“它看上去真可爱。”

“谢谢。”她有气无力地回应着我。

“怎么了？你今天不舒服吗？”我问。

劳瑞的情绪似乎很低落，没什么精神。她长长的棕色卷发都黏在了头皮上，似乎她根本没心思去打理自己的头发。她没用任何化妆品，就连衣着也毫无生气——上身是一件淡蓝色的背心，腿上套着一条白色棉布裤子。平常，她每次出现都穿着颜色鲜艳的印花服装。今天，当她穿着完全不同的衣服出现在我面前时，我才惊讶地发现，原来她已经瘦成这个样子了。

“我心里很不舒服。”她说，“很多时候我都觉得自己是在一天一天地混日子，生活没有目标。我怀念上班的日子，我怀念工作时的那种成就感。”

这真让我感到意外，像劳瑞这么乐观的人居然也会有这种想法。“但是你已经很有成就了啊，”我对她说，“你在唱诗班唱歌，你是个伟大的母亲。老天，你还坚持每天到健身房训练！你比很多身体健全的人更有成就呢。”

“我只是希望我能有点事情做。我想让自己觉得我还有价值。”她说着，把身体靠在了沙发上，“你也知道，我过去是一名专业的舞蹈演员和按摩师，但是这种病却把我的工作夺走了。人没法在轮椅上跳舞啊。”

之前在工作室的时候我就听她谈过这种感觉。今天当我再次听她讲述这个故事时，我突然明白了一些事情。我打断了她：

“劳瑞，你愿不愿意听听我的看法？”我问她。这是我从我的医生那里学来的技巧，在提出建议之前先征得别人的同意。劳瑞点了点头。

“我觉得你不应该再讲这个故事了。一个很有智慧的导师曾经告诉我，**要十分留心那些被我们一遍又一遍重复着的故事。因为它们暗示了是哪些思维模式和想法在限制着我们。**我不认为多发性硬化症夺走了你跳舞的能力。”我接着说，“你之所以会选择不再跳舞，是因为你认为自己没法跳了，也不想去跳了。其实，你可以在轮椅上跳舞的，也许不是那么专业，但是你真的还可以跳。你只不过是因为舞蹈的方式和原来不一样就不再去跳了。”

劳瑞没有说话。我看着她，心想我是不是说得太过分了。我这是在向谁说教呢？

劳瑞用一只眼睛直视着我，因为疾病的缘故，她很难控制眼球的运动。一开始她这种眼神交流让我很不自在，我的第一反应就是她或许在认知方面有些问题，很难理解对话的内容。可事实上，劳瑞的思维非常敏锐，是她让我知道了一个人的身体状况对这个人的能力没有任何影响。

“我太想跳舞了。”她说。

“你觉得为一些身体灵活性受限制的人设计一些舞蹈动作，并且教他们跳舞怎么样？”我问。

看起来劳瑞对这个主意很感兴趣。我们颇费脑筋地盘算着她如何才能开始做这样的事。我认为她可以为残疾儿童开办一个舞蹈班，教这些孩子跳舞。我在上大学的时候曾经看到过这样的孩子。那时我要为校报拍摄一些照片，于是就以观察员的身份进入这些残疾儿童的班级，和他们相处了一周的时间。这些孩子真的很棒。那些智力上有障碍的孩子，会去帮助身体上有障碍的孩子；而拄拐杖的孩子则会去帮助坐轮椅的孩子。在那期间，孩子们正在约翰·列侬《想象》的伴奏下，学习一些常规的舞蹈动作，为不久之后的公开演出作准备。

“你看，凯米，或许我可以办一个舞蹈班，”劳瑞慢慢地说，“或许我还可以向我们教堂寻求一些帮助……”

“耶！这就对了！你为什么不打电话问问这附近的舞蹈教室或者上网调查一下，看看是不是已经有人开办了这样的训练班呢？”我向她提议。我还深陷在企业咨询师和创业顾问的角色当中，一时无法自拔。我尤其喜欢帮助女性创业，向她们提供创业指导。当我向劳瑞提出行动建议的时候，我才发现我是那么怀念过去工作的那些时光。我突然想起那个慈善机构打来的让人备感意外的电话。

“你还有什么别的想法吗？”

“嗯，我知道如何适应自己的身体障碍，如何在有缺陷的情况下让自己重新过上积极向上的生活。”劳瑞说，“我曾考虑过能不能向在婴儿潮时期出生的人（*baby boomer，在1946~1964年间出生的美国人。二战之后，很多当时参战的美国人开始生儿育女，造成婴儿出生率大大提高。所以人们称这个时期为婴儿潮时期*）提供一些咨询和指导，让他们能够积极快乐地生活。”

“这主意真棒！”我叫着，“这个舞蹈班只是计划之一，你还可以向人们提供很多帮助。”我们又就这方面想了很多方案。

很快，微笑爬上了劳瑞的脸颊，她开始为自己想出一个又一个好主意。事实上，她只需要一个人帮她把表面的这些问题点破，然后很多好主意就会接二连三地从她脑中迸发出来。听她讲述着自己的理想和抱负，我想我已经把今天的礼物送出去了。我给朋友带来一大堆东西，可真正的礼物却是在她迷失方向或丧失信心的时候，帮她出些主意。我把带来的东西从袋子里拿出来，送给了劳瑞。然后开始叠她女儿的衣服，并把一些杂物收拾好。我还真有些累了，于是跟她说改天再来帮她整理橱柜。

“从20世纪80年代到现在的衣服我都保留着呢，我现在迫切需要整理一下自己的衣柜。”她向我解释道，“我把生病以前穿的衣服都留下来了。那时生活还很美好……”

我知道她为什么会对“过去”念念不忘。在得多发性硬化症之前，我的生活也很美好。可那时我却认为这种美好生活是理所当然的，不曾珍惜过它。在旧金山，我的朋友圈子很广，和我一起练瑜伽的朋友，我的心灵导师，他们对我来说都十分重要；我经常去上冥想课，认识了不少这个圈子里的人；我的工作让人兴奋，很有挑战性——每一天都会有新事物在等待着我；我喜欢参加各种盛大的晚餐派对……那些日子都一去不返，永远离开我了。但是这次，我坚持着，没有像往常一样再次陷入消极情绪当中。

“劳瑞，现在我们的生活也很美好，只是我们不会欣赏美好的东西罢了。我浪费了太多的时间去关注那些错误的东西，却将正确的东西忽略了。”这也算是我的自白吧。

她觉得我说得很对。我们发誓会互相帮助，努力让自己去关注那些积极的事物，朝着积极的方向思考。

29 Gifts for Perfect Life

第4章

宽恕和感恩可以让人的心胸开阔

3月22日 星期六

倾听英格丽的心事，宽慰她痛苦的心灵，是我今天送出的真正的礼物。

抱着回忆不肯放，只会让心灵负荷越来越重。学会放下，尝试原谅，是送给美好人生的最佳礼物。

好心情总是持续不了多长时间。

马克又去试音了。我独自待在家中，只有疼痛和抑郁陪伴着我。我觉得不满意、不快乐，甚至觉得了无生趣——昨天和劳瑞待在一起时的那些勇气和斗志已经消失得无影无踪了。我还在学习如何保存自己的能量，这也是我在“最佳生存计划”工作室里和劳瑞讨论的主要话题。职能治疗师曾告诉我们，适时调整自己的节奏是很重要的。熟悉的怨恨在我心中燃烧着，仿佛已经把我的身体烧穿了一个大洞。真烦。为什么我总是这么累？为什么我的身体不受我的控制？为什么我不能做自己想做的事？幸好我还能控制自己。我昨天是怎么向劳瑞许诺的？我不是说要去关注那些正确的事，不再为错误的事浪费时间了吗？记住，生活是美好的。一切都很好。我决定待在家里，让自己休息一下，储备一些能量。

我今天只有一项计划，就是和英格丽（*两天前，我在戒瘾互助会上认识*

的那位女士）一起吃个晚饭。如果到下午三点的时候我还觉得很累，我对自己说，那就把这约会取消了吧。于是我闭上眼睛开始睡觉。一直睡到下午一点钟，才极不情愿地爬起来去了趟厕所。之后我给自己弄了杯思慕雪（*果汁冰激凌*），现在我也只能做点这个给自己吃了。一杯下肚，清醒了不少。我走到沙发上躺了下来，独自思考着。很快，我又开始胡思乱想了。

这个星期，每当我情绪低落的时候，我都强迫自己去寻找一些可以让我感恩的东西，想要以此来证明我的生活很美好。不过很多时候，我真的不知道自己该感激些什么。今天，我从身边的书架上把日记本抽了出来，抓过一支笔，准备把想到的东西都罗列出来。我的思维没法再像以前一样开阔，除了眼前的事物我很难去想象其他的东西。所以就让我从眼前的这些东西开始吧。

1. 我住在一幢漂亮的复式公寓里。

2. 不管怎样，我在洛杉矶还有房子住，而且房子里的橱柜上还没有镶嵌那些让人讨厌的镜子。

3. 之前的房客把它维护得很好，那些漂亮的细节都被完整地保存了下来。

4. 我还有两只可爱的小猫，它们总喜欢躺在我身边，让我抚摸它们。

我放下笔，挠了挠哈比卜可爱的小肚皮，它正在我身边伸着懒腰。这时我突然想到还有件事要加到我的单子里，这可是件大事：

5. 我的丈夫洗所有的盘子，负责扔垃圾，而且还要洗所有的衣服，但是他从来没有抱怨过我没有尽到一个妻子的本分。

我还是很累，不过心情舒缓了许多。我伸手拿起电话，打电话给英格丽取消我们的晚餐约会。电话那头传来了她的声音，听上去她似乎很难过。

我本来打算要向她诉苦的，而现在我却问：“英格丽，你在哭吗？”

这真是个让人尴尬的提问。说真的，我一点也不了解这个女人。对，之前我是听她讲过她和她妈妈的感人故事，可是我们从来没有真正的“对话”。这种治疗性的互助会就是这个样子——每个人都会把自己的真心话说给大家听，你也会被这些故事感动，可是你和他们却对彼此的生活细节一无所知。而真正的友谊却正是从这些细节开始的。

“我今天非常思念我的妈妈。”英格丽说。

她一直都在担心，她的妈妈是否仍在“另外一个世界”里忍受着痛苦的折磨。我听着英格丽向我讲述她妈妈的悲惨命运：因为多发性硬化症的影响，这位老人生命中的最后十年都是在病床上度过的。除了英格丽会定期到英国探望她之外，她的身边只有雇来的护士和护工陪伴着她。她不能洗澡，没法自己吃饭，甚至不能自己去上厕所。在经历了无数次的肺部感染之后，她最终在六十多岁的时候死于肺炎。常年卧床让她虚弱的身体无法抵抗各种感染的侵袭，也很难将肺部的淤积物清理出来。

每当听说哪个人的多发性硬化症恶化到这个地步的时候，我都很害怕。我知道，有些多发性硬化症患者到最后都还能自理；也有些患者的症状很多年都没有发作过。所以当我听到有人很快就被这种病夺去生命的时候，我学会对自己说：“那是他们的故事，不是我的。”我不断地提醒自己，要成为英格丽的朋友，要去安慰她，不要把这故事联系到自己身上。

我说出了我的看法，长时间的病痛，让这些说法显得更有说服力。“英格丽，可能你的母亲在最后的十年里一直忍受着身体上的限制，十分痛苦。可是现在，她摆脱了受伤的躯壳，她的灵魂可以自由地做她想做的事了。”

她叹了口气。“如果是这样的话，我会觉得好过一点。”她说。

我和英格丽在电话上聊了一个多小时。她告诉我，在一个有虐待倾向、心理状况不稳定的母亲身边长大是一件什么样的事情。她的母亲曾一度被送进专门机构进行治疗，医生诊断她患有这样那样的心理疾病——从狂躁抑郁症到精神分裂症。这简直和我的故事如出一辙，只不过她这个版本更为极端。这么多年来，一个又一个医生在听我讲述了自己那些奇怪、又难以解释的身体症状之后，纷纷作出结论，认定我所有的症状都来自于心理问题。“这肯定是一种心理暗示”是他们多年来惯用的解释。我23岁那年，大概有半年的时间都感到全身麻木、刺痛，那时他们还很肯定地说：“你的身体器官没有任何问题。”

就这样过了大概15年的时间，医生们一直用这样的“诊断”打发着我。后来，我终于被确诊患上了多发性硬化症，真有点沉冤得雪的感觉。那天，当旧金山的神经科医生把一张我的脑部扫描片放到电脑上，把那条白色区域（*缺损的疤痕组织*）指给我看时，我记得我是多么的愤怒。就在那之前，因为疼痛和僵硬症状不断地发作，我曾恳求过至少三位医生，求他们给我做一个核磁共振检查，可是都被拒绝了。愤怒之余，我想到了我的婶婶，我看着她坚强地同多发性硬化症作斗争，可是还不到十年就瘫痪了。我妈妈一个很好的朋友也得了这种病，三十几岁就坐上了轮椅。那时，我只认识她们两个得了多发性硬化症的人，而且她们的病都恶化得十分迅速。我无法忘记当时自己是多么恐惧，多么害怕这种命运也会降临到自己身上。可即便是这样，我还是想给之前的那些医生打个电话，大声告诉他们：“看看，我的身体真的有问题，你这个白痴！”

和对待我的方法一样，在很多年里，医生和精神科的专家们给英格丽的妈妈开了一大堆药物，用来治疗她的“心理疾病”。后来她决定停止服用这些精神类药物，转而用酒精和大麻医治自己。这种经历我也很熟悉。再后来，英格丽的妈妈离开了自己的丈夫，和另外一个男人生活在一起。在多发性硬化症没有将她的生活彻底粉碎之前，过了几年快乐、稳定的生活。

“她的病发展得非常快，这让大家都很震惊。”英格丽说，“没到十年她就坐上了轮椅，接着最后十年就一直瘫痪在床上。”在这期间，英格丽开始努力修补她们两人之间的关系，定期去英国探望母亲。

而就是在这段时间里，英格丽原谅了她的妈妈。

“那时她躺在床上，我把葡萄喂到她嘴里——她很爱吃红红的、多汁的甜葡萄——把一颗葡萄吞下去之后，她突然变得很严肃，接着她对我说：‘我以前对你不好，真的对不起。’那时我真的感到非常意外，心里不知道是什么感觉。虽然我曾经很希望妈妈有一天能承认自己做过伤害我的事情，并且向我道歉，可是我从来没有期望过她真的会这么做。从那一刻起，她又成了我的妈妈，而这就足够了。我尽力照顾着她，让她能过得舒服一点。”

“英格丽，你妈妈非常爱你。”英格丽在电话那头低声地抽泣着。“我知道你现在很难过，可是透过你的眼泪，我能听得出你很感激和母亲共处的那段平静的时光。”

一声长长的、沉重的叹息从电话那头传来，这应该是最后几行泪水吧。接着我听到她吸了吸鼻子，开始将自己的悲伤收藏起来。我静静地坐在那里，等着她平静下来。

“谢谢你能听我说话。”英格丽轻轻地说。电话里传来一阵杂音，英格丽在椅子上挪动了一下，看了看手表。再说话时，她的声音听上去轻松了许多，“哦！看看都几点了！我跟你唠叨了这么久……我们一起出去吃点东西吧？我可以过来接你。”

“好的！”这真让人惊讶，我现在一点也不累了。

英格丽开着一辆可爱的黑色小敞篷车来到我家门前，按了几下喇叭。我慢慢地走下楼梯，朝着她的车走过去。她的小狗也在车上，是一只漂亮的金色博美犬。它晃动着玫红色的项圈，热情地跟我打招呼，项圈上的水晶一闪一闪的。英格丽把一条蓝色的头巾包裹在她齐下巴的棕色头发上。她帮我坐进车里，递给我几张黑白照片——是她妈妈的一些老照片。

“我想你可能愿意看看我妈妈长什么样子。”她微笑着对我说。

照片上，英格丽的妈妈和我差不多的年纪——三十四五岁——她很漂亮，有一种内敛的、英式的美。她和英格丽长得非常像。当我这样告诉英格丽时，她咯咯地笑了：“我知道，不是吗？我和她简直就像一个模子里刻出来的。”

我们来到Urth Café，这是洛杉矶一家很有名、很实惠的健康食品餐馆。我吃了一份美味的油炸玉米饼，还打包了一块无糖的巧克力蛋糕。

我搭着英格丽的车回到家里，坐下来看电视。马克到家了，我决定把那块蛋糕送给他，当做今天的礼物。其实我很想把这蛋糕留给自己，但是马克非常喜欢吃甜食，我又想让他开心，所以只好忍痛割爱了。或许我可以在把蛋糕送给马克之前，从上面偷一小块尝尝，我这样想着。不过我还是没有这样做。

“我从餐馆里给你带了块巧克力蛋糕。”我告诉马克，他咧着嘴傻傻地笑了。

“这看上去真好吃！太谢谢你了！”说着，他便埋头吃了起来。看着他享受的样子，我突然想起，这蛋糕只是份额外的礼物。倾听英格丽的心事，并且给她一些同情和怜悯才是我今天送出的真正的礼物。**“感恩可以让你的心胸开阔”，这是姆巴利对我的教诲。而今晚，我对这句话有了更深刻的体会。**

29 Gifts for Perfect Life

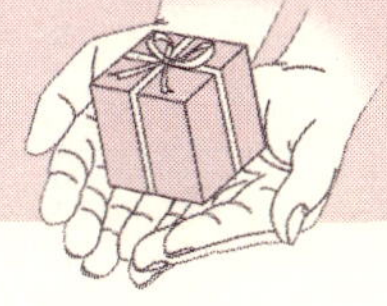

第5章

两个人的爱心

3月23日 星期日

不到一星期的付出，让我挣脱了疑虑的束缚，我感到自己的心境更加开阔，也更加平和。

我们的人生中有很多美好的事物陪伴，只是繁忙而琐碎的生活让我们渐渐忽略了它们的存在。重新打量一下自己的人生吧，总有一些人和事会让你感动。

不到一星期的付出，将之前的怀疑和顾虑完全打破了。不可否认有一些无形的东西已经在我的心中暗暗滋长。上次，我打电话给姆巴利，试着向她解释这种感觉，可是她早已经明白了。“这真不可思议。就好像不管我走到哪里，都有人在支持着我一样，”我这样告诉她，“而且我付出的东西越多，我就越容易接受别人的关爱和帮助。我不再把自己封闭起来，我的心结打开了。”姆巴利早已见识过这种效果，她对此并不感到意外。

“你最终还是顺应了内心的呼唤，开始送出自己的礼物了。凯米，你做了一件非常勇敢的事情，”她说，“当我们能挣脱束缚，将自己投入到一个更大的团体当中时，这一刻的意义十分深远。”

挂断电话的时候，我为自己能认识她而感到骄傲。虽然我只送出了4份礼物，可是我已经开始有点为自己感到自豪了，这是一种久违了的感觉。

今天是复活节。哈比卜正喵喵叫着跟我要吃的。我跟着她来到厨房，往她的小碗里倒了些猫粮，开始思考是否还有其他人能像我一样，从这种付出的挑战中受益呢？我萌生了一个想法，并开始围绕着这个想法去思考问题：

如果每个人都从现在开始，每天送出一份礼物，那会是什么样呢？这世界会产生什么样的变化呢？

我挠挠哈比卜的小脑袋。这时她的哥哥阿布，一个体形硕大，一点也不优雅的黑猫，悠闲地挤了过来，想要得到同等的待遇。我又开始抚摸他。没多久他就厌倦了，开始从他的黄色瓷碗里舔些水来喝。

如果成百上千……甚至是上百万、上千万的人都参加到这种“29天送出29份礼物”的活动中来，又会发生什么呢？

春分刚过，正是重生和复苏的时节。在美国的其他一些地方，番红花已经开始在渐渐融化的积雪下面发芽了，女人也把自己的白球鞋和印花衣服从衣柜里翻出来。这也是开始想象一场大规模的新兴运动将会产生何种效果的完美时刻。

我决定上网做些调查，看看类似的运动是不是已经存在了。我发现了一个www.helpothers.org的网址，立马爱上了他们发起的“微笑卡片”（*Smile Card*）运动。人们可以从他们那里订购一些写着“微笑，你已经被跟踪了”的小卡片。按照活动要求，你要对别人说些善意的话，或做些善意的事情，然后把微笑卡送给他们，鼓励他们把这种善举传递给其他人。这个网站把这叫做“爱心传递游戏”，并宣称已经向人们递送了45万多张微笑卡了。这真是个惊人的数字！

我靠在椅背上，双手使劲向上舒展着身体。我有那么多东西要去感激，而我的丈夫则在这里面占据着首要位置。他肩负着生活的重担，一直陪伴在

我身边，对我不离不弃。马克那双棕色的眼睛和爸爸很像，这也是最初他吸引我的地方之一。他散发出的能量让人很放松——每当他走进一个房间，人们总会放松地深吸一口气。他是个活跃的家伙——非常外向，一点也不像我。我在人前总是很拘谨，很难同别人交朋友。

在我交往过的人中，马克是第一个愿意探究我的内在，并对我的缺点全盘接受的人。我抑郁，有不良嗜好，对亲密行为很排斥，毕竟这些不是什么光彩的事。我们初次见面的时候，我刚刚戒毒出来，去参加一场戒瘾互助会。马克主持了那天的聚会，并和大家分享了他的故事。他的思维是那么的清晰，言语又是如此风趣。会后，我跟他打了个招呼，算是我的自我介绍。我没心思，也没精力去开始一场恋爱。我是那个互助会上的新人，马克对我十分照顾。在接下去的一个星期里，我们都坐在一起，不过是因为我们都来得很晚，房间里只剩下那两个相邻的位子了。

一年过去了，我没再见过他，也没想起过他。之后的一天晚上，我去社区里的一家印度餐馆见一个朋友。我走进餐馆，而几乎就在同一时间，马克也走了进来。就这样，我们在门廊里相遇了。戏码可能有些老套，不过就在那一刻，周围的世界似乎停止了运转。我们站在那里，注视着对方，一切都是那么安静。

“你看起来很眼熟。”我说。

“你也是。”他回答说。但是我们一时还想不起是什么原因会让彼此都有这种感觉。最后，还是马克先想了起来。之后他叫了一些外卖，我们一起坐下来。就在他等外卖的那段时间里，我们一直聊着。“上次见到你的时候，你还是一副摇摇晃晃的样子呢。”他对我说，以此来取笑我刚刚戒毒时的不稳定状态。

“是。那时我还没有彻底恢复到正常的状态。过去的一年，我经历了很多。”

他那时39岁——比我大8岁，比我之前交往的那些不太成熟的“大男孩”稳重得多。他的黑色纽扣领衬衫熨烫得十分精细，领子、袖口都十分硬挺。

我们聊了几分钟，他要的东西好了。于是他站起身准备离开。这时我突然感到一阵恐慌——我已经一年没见过他了，而且很明显，这次他还是不会向我要电话号码，就这么头也不回地走出餐馆的大门。“嘿!”就在他站起来的那一刹那，我叫住了他。“我把我的名片给你，这样你就能给我打电话了。”我不愿冒再也见不到他的风险了。谢天谢地，他明白了我这不太委婉的“暗示”，第二天就给我打了电话。那时我们才知道，我们俩的住处之间只隔了四条街。

可怜的马克——我需要很慢很慢地发展我们俩之间的关系，因为我觉得这次恋爱和之前的那些不一样，而且我刚刚和一个我觉得“不合适的”男人分手。我知道马克也是认真的，我想要在有进一步的接触之前，两人可以花些时间去确认自己的感觉。就这样，在相处了三个星期之后的一天晚上，我在他家吃过晚饭，马克突然转过头，很礼貌地问我：“我可以吻你吗？”那时壁炉里正燃着火，灯光也很昏暗，为我们的初吻布置了完美的场景。

“我还没准备好，”我紧张地回答着，“不过很高兴你能问我。”

他一下子大笑了起来，好像我的回答很可笑的样子。“好，下次我还会问的。”他这么说。

第二天早晨我给妈妈打电话，对妈妈说：“我想我找到可以结婚的男人了。”

马克起床的声音打断了我的回忆，他正睡眼惺忪地拖着脚从卧室里走出来。他在我办公室的门前停下，很惊讶地看着正坐在电脑前的我。这也难怪，因为这几个月以来，每次他看到我的时候，我不是躺在床上休息，就是

躺在沙发上看电视。

“宝贝，你在做什么呢？”他一边问，一边揉了揉眼睛。

“查点东西。”

“嗯。这才像原来的你。我真高兴。”说完，他便转身“飘”进了卫生间。我听了一会儿金发女郎乐队（*Blondie*）的“The Tide Is High”，和着节奏在椅子上左右晃动着。之后我决定去做点早餐，准备一会儿去教堂。对了，我还没有像姆巴利说的那样，给自己一些自我肯定呢。于是，我对自己大声说：“今天，我要慷慨地付出。”

吃完早餐洗过澡之后，马克帮我穿上一件橘红色的棉布连衣裙，和一双带花的平底鞋——复活节穿这些再合适不过了。我们驱车来到离家很近的北好莱坞宗教科学教堂。我们搬到洛杉矶不久，就开始到这所教堂做礼拜，因为我们想，在这种地方应该可以遇到很多善良的人。现在看来真的是这样。本来，我们并没打算要定期到这里来——我和马克一样，从十四五岁开始，就再没参加过任何教堂活动。可是，当我们第一次踏进这座圣殿的时候，都感到十分放松和宁静。

这里包容一切人与神的交流方式。他们认为一切宗教都是真实而神圣的。这一点从圣殿墙壁上的艺术品里得到了充分的体现。这里有象头神（*Ganesh*）和湿婆（*Shiva*）的壁画，也有耶稣（*Jesus*）和佛陀（*Buddha*）的画像，甚至还挂着一张披头士同玛赫希大师（*Maharishi，印度教精神领袖*）的合影。还有一张后人临摹的“最后的晚餐”，只不过在这张画里，奥普拉和约翰·列侬都成了耶稣的“门徒”。马克是披头士的铁杆粉丝，所以他一看到这些之后，就知道我们来对了地方。而对于我来说，这里更注重精神修炼，而非宗教信仰本身，这让我感到很舒服。

马克·维埃拉博士是这里的牧师。他今天的状态极好，几句话就把大家逗得哈哈大笑——他没去当独角喜剧演员真是可惜了。不过，当他讲到有关重生和复苏的话题时，大家都变得严肃专心起来。这个主题真的很适合现在的我。

之后，教堂组织了捐赠活动。当奉献盘传到我们面前时，我和马克不约而同地从钱包里拿出1美元。这段时间，我们的生活一直都很拮据，负担不起更大金额的捐赠。我把我的一美元折叠起来放在胸前心脏的位置上，为我的礼物送上祝福。这时我突然想起了早上对自己喊的口号：今天我要慷慨地付出。也回忆起姆巴利给我的建议——试着付出一些对你来说不可或缺或十分珍贵的东西。

我打开钱包，把里面的一张20美元拿了出来。这钱我攒了很久，本来是想用它请马克出去吃顿好点的晚餐庆祝复活节的。马克看到我把手伸向更大面值的钞票，有那么一会儿，他的眼珠子好像都要掉出来了。最后他还是对我耸了耸肩膀，似乎在说，有什么大不了的，不就是张钱嘛。我们为这20美元送上祝福。当我把它投进奉献盘时，我们俩会心地笑了。

做完礼拜之后，我已经很累了。不过当马克提议要去圣莫尼卡海滩待一会儿时，我还是答应了。一坐上车，我就把空调打开了。我们一路朝着高速公路的方向开去。不一会儿，马克伸过手来，“咔嗒”一声就把空调关上了。我呢，则毫不犹豫地把它再次打开。他看了看我，又把旋钮推到了“关”的位置上。

“把空调打开！都快热死了，”我抱怨着，“你明知道我怕热的。”最近我开始对热气十分敏感。一旦气温稍高，我的全身就会又麻又痒，很不舒服，我会觉得更加虚弱无力。

“冷静点，”马克反驳了我，“上了高速我就打开。空调一开车就慢吞吞的。”

我往座位上一靠，把本来想说的话都咽了下去——虽然我很想再和他争辩几句。谁管你慢不慢，我只想要舒服一点。最近，连我自己都搞不清我什么时候会耐心忍受，什么时候会暴跳如雷。我知道我最不应该和马克发火，他已经那么努力地在照顾我了。可是，我还是无法控制自己，开始感到烦躁不安，也许这不仅仅是因为这个该死的空调吧。

没用多久，我们就到达了目的地。今天的天气好得不得了。天空晴朗，海水像一片起伏的蓝色大草原一样在我们面前延伸着。我把手杖拿在手里，让马克搀扶着我，两人一起走到沙滩上。马克想再往前走走，离海水近一点。但是我却发现在沙滩上行走是如此的困难，有好几次都差点被绊倒。就在第四次的踉跄之后，我狠狠地把手杖摔了出去，一屁股坐在地上，像个坏脾气的孩子一样，一边哭一边喊。

“我讨厌这样！”我握着拳头，使劲击打着地上的沙子，双脚愤怒地蹬着，“我只是想和我的丈夫到沙滩上开心地玩一会儿，可是为什么会这么难？”

沙滩上人很多，周围的人都循声向我们这里看过来，马克尴尬的样子更是激怒了我。

“你不明白！”我对他大叫着，“你就是不明白，这有多让人懊恼。我的生活不会再像以前一样了。我再也没法去做我想做的事了。我讨厌这一切！”

哭喊声渐渐变成了小声的抽泣。马克静静地把毯子铺在我旁边，坐了下来：“快过来，冷静一下，凯米。大家都在看我们呢。”

“哼，你最好还是早点习惯让别人看你吧！你以为你用轮椅推着我到处走的时候，别人不会看你吗？你以为我们一起在餐厅吃饭，我突然失禁拉到自己裤子上的时候，别人不会看你吗？”

“你又在耸人听闻了。”

“不，我没有！多发性硬化症恶化的时候就是这个样子。马克，我觉得你一直不愿承认这种病有多么可怕，你一直在自欺欺人。”马克是个乐观的人，似乎什么事都影响不了他。有时我很喜欢他这种性格，可是有时这却让我发疯。这个快乐的男人是不是在用笑脸掩盖他内心的恐惧呢？

我不知道为什么会变成这样，今天一早我还在为这美好的一天而开心呢。爆发之后，我突然感到十分害怕，我怕他会离开我，怕他会因为无法承受婚姻中的重压离我而去。我不知道他是怎样加班加点辛苦地照顾我，是怎样处理好家中的一切的。四年前我们开始恋爱的时候，我正处于人生的最佳状态。那时我时常练习瑜伽；因为没有车，我几乎步行走遍了旧金山每一个角落；我还练普拉提，定期跟教练学习。所以当马克向我求婚的时候，他一定以为自己会娶到一个健康而有活力的妻子。

每次我说怕他会离开我时，马克都会用一种“你疯了啊？”的眼神看着我，就像这种想法从未在他的头脑中出现过一样。但我还是无法相信。他真的对我如此坚定吗？会不会他只是戴了一副“坚定”的面具呢？换作是我——虽然我不愿承认——我肯定会有逃跑的想法。他一定很辛苦吧？感谢上帝，马克如此善良。我很幸运，能遇到像他这样的男人。

“凯米，我不是傻子。我明白。”他慢慢地说，“但是如果我总是去担心未来会变成什么样子，那我肯定就会错过现在和你在一起的快乐时光。”

眼泪顺着马克的脸庞流了下来：“我的天！亲爱的，我是这么地爱你，可是现在我真的有些承受不起了。我一直努力地想要成为你的支柱……想要陪着你……可是这段时间我都不知道该怎么和你相处了。”

“对不起。”我哽咽着说，“那是因为我总是害怕……因为我担心……担心你会……你知道吗……”

“我知道，”马克回答着，“我哪儿都不去。”

慢慢地，我们平静了下来。像初中生一样，十指紧扣着躺在沙滩上。这是一个我可以信任的男人，我这样想，这就是我嫁给他的原因。我坐起来，看着远处的海浪，马克慵懒地打起了呼噜。

我觉得有些热了，便把马克叫醒。我们回到海边的木板道上，坐到一把大伞下面乘凉。我喝了些冰镇茶，好让自己凉快一点。之后我又钻到一个户外的冷水淋浴器下面，洗了一个“冷水浴”。哈！这东西可真帮了大忙，我觉得舒服多了。我穿着我的棉布裙子，开心地淋着。那边有两个女孩在滑旱冰。小时候一到夏天，我每天都会出去滑旱冰。

我从淋浴器下面走出来，向马克宣布了一个新的决定：“亲爱的，我想去滑旱冰！”这是今天我送给自己的礼物——在疾病进一步恶化之前，试着做些自己曾经喜欢做的事。

“你疯了吗？一小时前你还在为不能在沙滩上走路而大发雷霆呢。”

“你可以帮我呀，求你了……我就试一下，五分钟就好。”

“我知道，可是你要是摔倒了，碰伤了头或者胳膊怎么办？”

“求求你了——”我哄骗着他，“你可以扶着我的腰。我们只要从这儿滑到那儿就行。”我指了指25码外的一个甜品站。

“你这个疯丫头，还顽固得要死。就算我不帮你，你也会去滑的。”

马克无奈地摇着头，还是给我租了一双合适的旱冰鞋，帮我穿上，“我是说真的，你要是摔倒了或是弄伤了你自己……”

“我不会有事的。”我抢着说。

我站起来，马克站在我后面，双手扶着我的腰。我开始慢慢地向前滑。

“我觉得你拉着我的手会好点。”我对马克说。

他紧张地把手从我腰上挪开，抓住我的右手。我便开始歪歪斜斜地往前滑。慢慢地，我的平衡性好多了。我真的滑到了甜品站那里！我大笑着，对着马克激动地喊道："看，我做到了！"——记得我六岁那年，爸爸在自家的车道上教我骑自行车，那时我也是这么对爸爸喊的。

我真不想只滑到这里，可是如果再往前马克会很担心。所以，我慢慢停了下来，坐在水泥防洪堤上。马克揽过我的肩膀，对我说："干得好，宝贝！"

最后，我们都笑了。"对了，你觉得我们今天捐的那20块钱会被送到需要它的人那里、做点好事吗？"我问马克。

"当然会。"马克回答我说，"因为那是我们两个人的爱心。"

29 Gifts for Perfect Life

第6章

送给自己的礼物

3月24日 星期一

完美主义的生活方式非但没有让我的人生更美好，却给我带来了很大的挫败感。

过度地付出不但不能丰富生活，反而会让你陷入不足之中，不要把付出看成一种责任和义务，只要你带着真诚之心去付出，你就会觉得自己获得了新生。

两年前，就在我的病被确诊的一个月之后，一次深刻的经历让我坚信，“冥想”可以对一个人的健康产生直接、正面的影响。

那天凌晨三点，我突然从沉睡中醒来，直直地坐在床上，大声地喊道：“那些症状是在治疗！”

马克被惊醒了。于是我开始向他详细但却有些狂乱地讲解这句话的意思和我在梦中看到的景象。

“你想一下这种多发性硬化症的发病过程，”我不着边际地对他说，“我的免疫细胞攻击了我的神经细胞，让神经裸露了出来。而我的身体马上就会试着通过形成疤痕组织来修复受损的区域，并且建立新的神经通道来恢复某段特定区域的功能。如果我的症状都来自于这个治疗过程，也就是说，都来自于我的神经系统试图恢复自身功能的过程，那么会是什么样呢？”……几分钟之后，马克打断了我的“讲解”，并且告诉我，应该下床去把这些都记录下来。那时我还在想，这家伙是不是想把我骗下床，然后自己安静地睡大觉呢？可是现在，我真的很感谢他让我把我的梦记录下来。因为现在，我时常会回头看看我在那天记下的东西。

那天早上剩下的几小时里，我一会儿冥想，记录自己的感受；一会儿又在我的“清醒梦”状态里进进出出。很多人可能都有这种经历：你的身体已经进入睡眠状态，可是却知道自己正在做梦，并且还能够控制梦的过程。在记录的过程中，我还画了一幅图解，把我在梦里看到的“疾病进程”描述了出来。在冥想状态下，我仿佛看到了自己体内的细胞在如何工作，就像看教科书里的医学图解一样清晰。我还“看到”一个细胞突然闪了一下，去攻击另外一个细胞。每当我看到这种情形时，都会跟那些细胞说话，让它们停止对“同类”的攻击。我看到这个过程一次又一次地开始，随后就颠倒了过来。这让我明白，只要我能看到，我就能改变这种状况。对我来说，这不是什么可怕的事情。我只是像灵魂出窍一般，“注视”着自己的细胞。这感觉有些奇怪。

那个时候，我的主要症状是记忆力很差，右眼视力模糊，背部疼痛，双手麻木，以及手指无法正常弯曲——每次的痉挛都会让我的手指佝偻着无法弯曲，就像动物的爪子一样。

在冥想的过程中，有几次我睡着了。等早上我完全清醒过来时，发现右手的两根手指恢复了知觉，右眼又能看清东西了。仿佛有一个声音一直在我耳边回响，一遍又一遍地告诉我：“感受并忍耐这些症状吧，这些都是治疗过程的一部分。”

那天晚上之后的几个月里，我每天都会冥想。我的症状也有了很大的改善，好得都让我觉得自己可以做些兼职工作了。于是，我开始了自己的咨询工作，同之前一样，我再次忽略了自己的身体极限。随着业务的不断扩大，我竭尽全力让自己跟上发展的步伐。这时，一大堆新的症状又向我袭来，占据了我的身体，让我越来越痛苦。很快，我便把冥想抛在脑后，转而去向医生乞求多给我一些麻醉药，当然我还要服用很多新的药物。这些药暂时缓解了我的病情。不过之后，为了给马克的配音事业寻求更大的发展空间，我们搬到了洛杉矶。而从那时开始，我的健康状况就急转直下了。

这是我和马克的约定：马克在旧金山的工作已经步入了一个稳定的阶段。他也不愿去想20年后他会不会有一份更具创造性、更有意思的工作，不是很在意他在旧金山的工作到底能给他带来多少物质财富。我以为再过一百万年我们也不会离开旧金山（*而且我们也不喜欢洛杉矶*），于是，我很大度地对马克说："如果你能和洛杉矶的哪个经纪人签约的话，我们就搬到那里去。"可是万万没有想到，三个星期之后，他就把这变成了现实。我很不愿意搬走，离开熟悉的地方让我很痛苦。可是说到就得做到，除了和他一起搬家我还有什么选择呢?

搬家的时候，我在旧金山的医生帮我介绍了不少洛杉矶的内科医生，可是来了之后才发现，他们都不愿再接收新的病人。就这样，洛杉矶的急诊室成了我常去的地方——这个不要人介绍。我每次都需要先通过一个医疗设备的检查，然后才能进入急诊室。那里看上去就像是落后地区的诊所一样，一张张活动床上躺着各式各样的病人，队伍一直排到走廊的尽头。最后，我遇到了一位年轻的急诊室住院医生，她刚刚入职不久，对病人和工作的热情还没有消失殆尽。这位医生把我的情况介绍给了神经科的N医生，也正是他后来对我采取了全新的治疗方法。而与此同时，我每次离开一个急诊室，都会拿上一张新的处方，再给自己增加几种药片。没有医生愿意费力给我做彻底的检查，在那样的情况下，我的身体状况没有变得更加恶化还真是个奇迹。

经过了昨天在沙滩上那戏剧性的一幕之后，我需要让事情变得简单起来。让人难以置信的是，在本周里，我每天都出去散步——虽然有些时候没走多远。但是昨天的活动真的让我筋疲力尽了。如果哪一天我运动得太多，在接下来的几天里，我都会像刚跑完马拉松一样疲惫不堪。所以，现在我打算重新平衡一下我的能量。而在今天这种情况下，瑜伽应该是我最好的选择。

最近，我认识了一位非常棒的瑜伽老师。他叫埃里克·斯摩，已经快80岁了，可是看上去比很多40几岁的人还要结实。只有那一头稀疏的银灰色头发才能泄露他的年龄。无论是从外表还是动作上看，你都想不到他会是个多发性硬化症患者。他练习哈达瑜伽（*Hatha yoga*）已经有近50年的时间了，是著名的瑜伽大师艾杨格（*B.K.S.Iyengar，印度著名瑜伽大师，是世界上哈达瑜伽的权威*）的学生。现在，他已经是一名中高级艾杨格瑜伽教练。埃里克还创建了许多革新的项目，比如，他在艾杨格的指导下，为南加州多发性硬化症学会创办了“最佳生存计划”工作室，我也是那里的会员。虽然已经患病50多年，但是他的身体状况却一直很好，他把这一切都归功于艾杨格瑜伽（*Iyengar yoga*）。是他让我第一次了解了如何用深层次的休息同多发性硬化症的疲劳以及其他一些症状对抗。他还教了我很多可以在家练习的瑜伽动作，让我借助它们恢复身体的能量和内心的宁静。

做过瑜伽之后，我感觉整个人都平静下来，十分地舒适。这应该是这几个月以来，我的身体第一次没有在神经系统的操纵下超速运转。我在舒适柔软的冥想椅上坐下来。这是一把夜总会风格的椅子，上面有一层很有现代感的棕蓝色相间的印染图案——这是我标志性的颜色搭配，在我们家里随处可见。我把脚放在地上，身体向后靠在椅子背上。

姆巴利曾传授给我一些冥想的方法，不过我一直都不太接受。这是我搬到洛杉矶四个月以来第一次尝试这种“修炼”——估计这也是我的身体状况一直走下坡路的原因之一吧。

我静静地坐着，在头脑中描绘出一个小小的金球。想象自己的身体和周围的空间里都充满了黄金的能量，在闪闪发光。我要吟诵一句简单的咒语，来作为我今天的礼物：“愿世间一切生灵，也包括我自己，都享有快乐和自由。”我把这句咒语念诵了29遍。虽然这不同于那些常规的礼物，可感觉上也像是一种力量强大的馈赠。如果这个星球上的每个人每天都能用五分钟的时间来为别人发出一些正面的意念，这个世界会不会有所改变呢？

我睁开眼睛，在椅子上舒展着腰身，内心更加宁静。我爬上床，盘算着要给我的朋友杰夫打个电话，把我要将这种“29天付出”的药方发展成一场更大规模的运动的想法告诉他。不久前，我在教堂认识了杰夫，并且和他还有他的妻子凯伦成了要好的朋友。我每次住院他们都会去医院探望我；当我的病情严重得没法出去的时候，他们还会帮我把午餐送到家里。我依偎在舒适的羽绒被里，拨通了杰夫的电话号码。他接起电话，语气有些生硬。这声音从他那里传来还真让我有点不习惯。

“喂？”

“嗯……嗨！杰夫，我是凯米。我是不是不该在这个时候打电话？”

“不，没什么。我刚刚只是有些烦躁。我今早约了一个新客户，可是他却一直没有出现。甚至都没有打电话通知我他不来了。”

杰夫是一位电视剧、电影导演，一直在为那些新秀导演提供一对一的培训，教他们如何拍电影。

“这真让人气愤。第一节课都是免费的，早知道他不来的话，我就约其他付费客户了。这家伙浪费了我200美元。”

“真是抱歉，”我说，“我打电话来想跟你聊聊我正筹划的一个小项目。”

“嗯？”

“嗯，我接受了一位心灵导师的建议，一直坚持着每天送给别人一份礼物。我觉得自己从中受益不少，所以我认为如果每个人都尝试一下这件简单的事情，那么他们也会有很大的收获。你觉得发起一场付出行动的想法怎么样？或者能不能为此建一个网站呢？”

“这个……我可能不是讨论这件事的最佳人选。真的很抱歉，我现在还不具备那种奉献精神。”

我没有被他的反应挫败，接着游说道：“我明白。不过不管怎样，请先听听我的看法。”我把姆巴利是如何送给我这个药方，还有我接受了药方、开始每天付出之后，精神面貌和生活态度上的变化都告诉了他，“所以我在想，能不能让更多人参与到这种‘29天付出行动’中来，并且和大家分享他们的经历——告诉别人付出是如何改变他们的生活的？我想邀请你成为这场运动的第一位会员。”

杰夫的沉默告诉我，他对这个概念不是很感兴趣。

“这是个很有趣的想法，”他说，“是要让人只是付出吗？还是在付出之后可以期待一定的回报？或者说，前29天付出，下一个29天接受回报呢？”

“嗯——前提之一就是付出和接受之间是自然地相互作用的。也就是说，如果你能全心付出，那么就会收到来自天地万物的礼物。”

“哦……我会考虑一下的。真不巧我今天心情不太好。我还在为那个客户懊恼呢。”

“没关系，我理解。考虑一下吧，我改天再给你打电话。”

现在，我真的有些气馁了。如果连杰夫这样慷慨无私的人都不愿意参加这种“29天付出行动”的话，我又怎么去说服陌生人，让他们这样做呢？

接着，我突然想到了我的姑妈吉奈尔，她现在就住在我们城中的旅馆里。她从内布拉斯加州飞过来，要帮我们家彻底打扫一下——现在，卫生状况已不是我和马克要优先考虑的事情了，尤其是卫生间，更是被我们尴尬地忽略了。一开始，对于接受姑妈的帮助我还有些负罪感。可现在，我还真有些期待那种清除沉积的壮观景象。我打电话到姑妈的旅馆，为她明天的到来作些准备。

我挂断电话，又开始思考今天该送出什么礼物。怎么都觉得在冥想时念上一句咒语，散布一些正面的能量是不够的，还不能过关。这里面没有和他人的直接接触，所以这礼物似乎不能算数。可是我又想起姆巴利说的，礼物可以是很简单的东西，没必要非得做些什么大动作。

“当你过度付出时，不但不能丰富你的生活，反而会让你生活在不足之中，”她这样对我说，**“当你带着一颗奉献之心、真诚之心，满腔热情地去付出时，你就会觉得自己获得了新生。可是，当你把付出看做是一种责任和义务时，你的礼物不会有任何作用，什么都不会改变。你只会满心怨恨，失去活力。”**后来姆巴利又问我，“你想用这种过度的付出来弥补自身的哪些不足呢？”

这个问题的答案从我还是个孩子的时候就一直折磨着我。我的性格决定了我总是对自己不满意。长大之后，我依然努力让自己的成绩超过预期，我会不惜一切代价，什么事都要做到最好。并不是我的父母对我要求严格，他们从来没有强迫我成为完美的人，只是我在给自己施加压力。

听母亲说，我在两岁的时候，想要自己系鞋带，可是最后却把鞋砸到了墙上，仅仅是因为我无法完成这个任务；四岁的时候，我把书架上“大人的书”撕下几页，因为我那时还不识字，无法知晓书中讲述的故事；六岁那年，我差点把自己的右耳朵烫掉，原因是我想用电烫棒给自己烫个卷发；还有15岁的时候，我为了在几何测验上有个好成绩，竟然会作弊——其实我已经为此准备了一整夜，就是因为非要得个A才干出这种事情。

而今天，我想要忘掉这些完美主义和挫败感。我把那句简单的咒语看做是真正的礼物。今天，我不会再强迫自己做得更多，我要休息一下，享受一下自己的生活。我读了一本好书，还小睡了几次。摆脱之前那种完美主义者的生活方式，是我送给自己的礼物。

29 Gifts for Perfect Life

第7章

最简单的礼物

3月25日 星期二

其实最简单的礼物往往承载着最深刻的意义，无论何时，都请牢记：紧握的手无法接受别人的馈赠。当你开始和别人分享自己的礼物的时候，就是改变人生的新的开始。

吉奈尔姑妈现在正站在我们家的餐厅里，身穿她的“清洁专用套装”——一条黑色运动裤，一件白色T恤，搭配一双白色运动鞋。她坐到我的茶色仿羊皮椅子上，准备把鞋子脱下来。

“我就从卫生间开始打扫吧？”她问我。

“我把我不能做又不想让马克做的事都列出来了。马克太累了，我不想再去打扰他。”说着，我把一张单子放到餐桌上面，心里既有感激，又有负罪感。我试着去想姆巴利对我说的话：付出会为接受创造空间。

这张粉红色纸条上是这样写的：卫生间地面，淋浴房的瓷砖和浴缸，马桶和洗手池，厨房工作台和橱柜，厨房地面。

“真不敢相信你会飞1500多英里来帮我们打扫房间。”我说着，给了姑妈一个拥抱。

“家人就该这样。而且我也想躲避一下严寒，看看开放的鲜花。你知道，现在奥马哈（*Omaha，内布拉斯加州东北部城市*）的土地还没有解冻呢。再说，你家只有一个卫生间要打扫，我家有四个呢！光是打扫那些卫生间就得花上一整天的时间。”

虽然她是我爸爸的妹妹，可是她只比我大14岁。我们一直都很亲密。在没有搬到加州之前，我还经常帮她照看她的三个女儿。

吉奈尔开工了，我们偶尔会在不同的房间里大声地交谈几句，聊聊家里的其他亲戚。

就在吉奈尔姑妈卖力地用牙刷清洗地板缝的时候，我回了几个电话，其中就包括在第一天的时候打电话给我，询问我是否有兴趣加入一个咨询项目的那家慈善机构。对方向我描述了这份工作，听上去这是个很大的项目，而且很可能两个月内就要开始了。还好，至少我还有些准备时间。

让人难以置信的是，就在过去的几天里，我已经在我的网站上收到了五份咨询邀请，都是一些小企业所有者或非营利性组织来向我寻求帮助。有的需要我帮忙想一些公司名字和经典的广告语，还有的让我帮忙制作营销计划。我给其中的四个人留了言，而最后一个人居然是我的朋友艾莉——我在旧金山做市场顾问时的同事。她现在正准备重组自己的公司，需要向我询问一些关于品牌、价格之类的信息。让她成为我的第一位客户，为马上就要开始的工作作些准备，真是个完美的选择。我们约好在4月2号见面。艾莉很了解我，也知道我现在的健康状况，所以如果在谈话的过程中，我需要中途休息一下的话，就可以坦诚地向她提出要求。

我可以通过这次会面检测一下自己的能力，看看这么久没有工作的我，还能不能胜任咨询的工作。这几个月，除了每月为数不多的残疾人保险金之外，我没有为家里作过任何经济上的贡献，这也是压在马克肩上的重担（*我在一年半之前就不得不离开了工作岗位，靠残疾人津贴过日子*）。我看着4月份的日历，在空白处仔细地计划着约见另外7个客户。假设刚刚打电话过去的四个客户都愿意和我签约，我又给五个以前的老客户留言，告诉他们我4月份会重新开始工作，不过我的时间不是很多，只剩下有限的几个预约名额了。如果所有的计划都能实现，我就会有4000美元的收入。虽然不是很多，但总可以在我们这几个月欠下的那一大笔令人担忧的欠款中减去一小部分。

“卫生间打扫好了！”吉奈尔大声说。我走过去欣赏她的“作品”。有谁知道地板缝的勾缝剂原来是白色的？淋浴房、地面、马桶都在闪闪发光，甚至连台子和水池上已经变干的油漆点都被她擦干净了。

我和吉奈尔决定出去吃顿午餐，然后步行去她的旅馆，这样她就能结账离开，顺便还能把她租的车也取出来。在路上，她看了我用贴纸装饰的手杖，告诉我看到我振作起来，她非常开心。

“前段时间确实很难熬。”我向她坦白，“我都不相信自己现在还能走路，虽然我的平衡性差了点，不过我都已经习惯了。”

“做些自己力所能及的事是很有帮助的。人们常说‘不用则废’，你应该让自己运转起来，去适应这种多发性硬化症。”吉奈尔是一名执业内科医师助理，所以她能深刻地理解这里面的含义。另外，我的婶婶玛尔戈，吉奈尔的嫂子，也患有严重的多发性硬化症，现在已经完全瘫痪了。可以说我和吉奈尔都亲眼目睹了这种病对人的摧残。

我们一边吃着午饭，一边聊着过去的时光，交换一下家里的琐碎故事。之后，吉奈尔就到另外一座城市去拜访她大学时期的朋友。我们就此告别——明天她就要回奥马哈了。

我最喜欢的一位精神导师，洛丽·戴马尔经常对我说：**“紧握的手无法接受别人的馈赠。”**看着吉奈尔姑妈驱车离开，我才明白她给我的不仅仅是打扫卫生这个礼物，接受她的帮助其实也是一种礼物。我真的是纠结了好久才让她跑这么远帮我们打扫的，但是我知道，能够帮我做点什么她也很高兴。**我松开了紧握的拳头，开始接受他人的礼物，这让我感到如此的轻松。**

回家的路上，我在路边的一家小店门前停了下来，打算给自己买瓶果汁。不过进去之前，我先是靠在墙上休息了一下。这时，一阵夹杂着汗臭的酒精味差点把我熏倒。我忍不住转过头，就在十英尺外的一个垃圾桶旁边，坐着一个块头很大的男人，他正伸着手，无声地向路人乞讨。我本能地转移视线，躲进小店。

我的钱包里只剩下5块钱了，这是我的救命钱，周五之前我都得靠它活着。我和马克本周的现金额度已经用完了，要等到星期五才能再从我们那日益减少的银行账号上取一点钱出来。我走进店里，拖着脚在货架之间穿行着，拿了瓶我最爱的樱桃蓝莓果汁。店员找给我一些零钱。这时我无法再去回避现实——有一个人正需要帮助，这也是让我付出的好机会。从店里出来，我径直走向那个男人，弯下腰把剩余的零钱放到他手里。我望着他那双棕色的眼睛，对他说："钱不多，但是我希望它能帮到你。"72美分的硬币落到他手心里，叮当作响。

他拍了拍我的手，微笑着对我说："会的，谢谢你。"

回到家里，我把下午大部分的时间都用来休息。最后还是马克叫我起来吃晚饭。之后他又带我去参加戒瘾互助会。

今天的聚会上会有一组来自英国的会员和大家见面，所以我想我一定能在这次聚会上见到英格丽，而且主办方还会供应茶水和饼干，比以前的咖啡、奥利奥好多了。我先到达了聚会的地方，还给英格丽占了个座位。很明显，她又要迟到了。这个座位是我今天的第二份礼物——毕竟如果我不给她占座位的话，她就得站在后面，或者坐在拥挤的小屋子里，从电视屏幕上观看这次聚会。英格丽终于来了，她向我微笑着，聚会已经开始了。过了一会儿，她被叫上去和大家分享她的故事。我认真地听她讲述她是多么思念自己的母亲，又是多么地为母亲的不幸感到悲伤。看着她哭得那样无助，我从包里拿出一瓶水，还有几张纸巾，在她走下来的时候，把这些东西递给她。她的脸上写满了感激，哭了这么久，她终于笑了。“谢谢你，亲爱的。”说着，她打开瓶盖，喝了一大口，然后又用纸巾擦了擦脸上的泪水。

我很清楚，**最简单的礼物往往承载着最深刻的意义。一个关心的动作，一句善意的话语；对陌生人的微笑，对帮助你的人真诚的感激；一些多余的零钱，几张多余的纸巾，都可以成为你的礼物。你可以选择把这些传递给那些比你更需要它们的人。**现在，我每天都送出一份小礼物已经有一周的时间了，不过我觉得前面的路还很长。

29 Gifts for Perfect Life

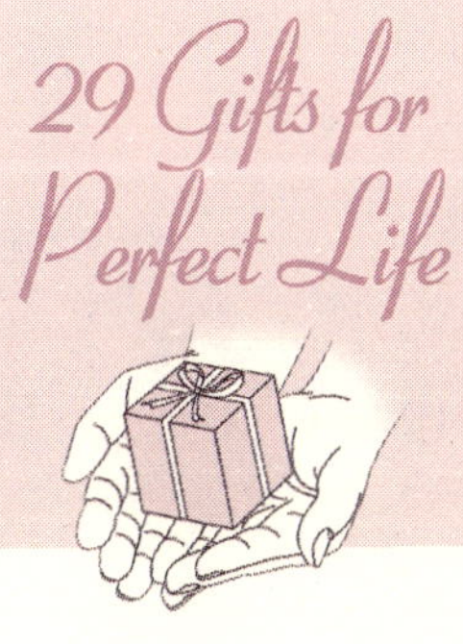

第8章

勇于做出改变

3月26日 星期三

当情绪进入低谷，生活遭遇瓶颈的时候，不妨为自己进行一次能量清除，摆脱过去的羁绊和人生的负荷，你才能更好地前行。

“我想好了，我愿意加入。”杰夫在电话里说。

“嗯？”我一时没反应过来。接到他的电话之前，我还在睡觉呢。

“哦，对不起，我把你吵醒了吧？我只是想告诉你，我愿意参加你的付出计划，而且我从昨天就开始了。”

我努力着坐起来，差点把电话掉在地上。“你能同意我真是太高兴了！”我开心地笑了，“我还在想，如果连你都不愿意加入的话，我看我是永远也没法发起这场付出行动了。”

杰夫大声地笑了出来：“真抱歉，我那天只是心情不好。这是个不错的想法，我真的很好奇，想要看看会有什么事发生在我身上。”

“那你希望发生什么呢？”

“嗯……我其实不期望什么。不过我希望付出可以让我在工作中的能量得到释放。最近我都没什么收入，不过你看现在编剧罢工已经结束了，或许我能接到点工作。”这几个月，编剧协会一直在罢工，这让好莱坞大部分的娱乐业都陷入了停滞状态。

“这很有可能。这个星期我已经签下两个新客户了。事情一定会好起来的。”

“希望如此。如果我能多赚些钱的话，凯伦一定会很高兴的。”

之前，我和杰夫也曾聊过经济状况不佳给我们的配偶带来的困扰。杰夫的妻子凯伦现在在做平面设计师，帮忙补贴家用。可是她一点也不喜欢那份工作，她想做自由职业者，追求艺术家的梦想。不过她觉得现在辞职还不稳妥，因为他们两人都得靠她的收入过活。

“马克也跟我说想去UPS找份兼职来补贴生活，”我跟杰夫说，“可是我真的不想让他那么辛苦。”

“是的，”杰夫说，“我想有稳定的收入，这样凯伦就可以为自己作些改变了。不过为了得到钱而加入这种付出的实践活动似乎不太正确，所以我还是专心地付出吧，看看会发生什么。”

“我正希望人们会这样做。我已经在其中找到了乐趣，到今天为止，已经是第八天了。”我开始告诉他我都送出了什么礼物。

“我看能不能尽量不送钱。我更愿意把我的时间、才能什么的送给别人……或者利用这次机会送出一些我不用的东西。你每天都会提前计划好要送什么吗？”杰夫问我。

一开始我确实想过要策划好整个实践过程，把29天的礼物一一罗列出来。以为这样或许可以让自己对这一过程有更清晰的认识，可以更好地控制所发生的一切。

“不会，那样就违背了这项活动的精神。我只是像往常一样度过每一天，敞开心扉去迎接每一次付出的机会。到目前为止，一切都很容易，而且很有趣。哦！对了杰夫，”我补充道，“如果你真想为别人服务，就得转移你周围的能量，这样你才能学会感激生活，感激你的每一天。它会时刻提醒着你，你是一个更大团体中的一员，让你确信你真的有礼物可以奉献给这个世界。”

能够将姆巴利的话传扬出去真是件让人高兴的事。“带着一颗宽厚之心去付出，”我接着说，“不要期望你会得到什么回报。”我把自我肯定和冥想的方法也告诉了他，还向他“传授”了一些必要的激励手段，“一旦开始之后，尽量一天都不要漏掉。万一错过一天的话，你就应该从头再来，这样才能让能量重新聚集起来。”

挂断电话之后，我简直都有些飘飘然了。我终于有第一个追随者了！现在，我得考虑一下做个网站，这样我就能更容易地和别人取得联系，让他们加入到我的行动中来。我的朋友分散在全国各地，我希望能和他们做些交流。我曾找到一个叫做“Ning”（*Ning是一个相当于“社交网络DIY”的工具网站，任何人都可以利用Ning提供的工具免费而快速地搭建一个属于自己的社交网络。这个社交网络既可以直接用Ning的二级域名，也可以有自己的独立域名。在中国，与Ning相似的产品是康盛创想的UcenterHome。*）的在线工具，用它可以很容易地建立自己的社交网络。只要填写一份个人资料，就可以得到一个博客地址，创建自己的网站——我希望大家可以在我的网站上分享他们送出的礼物。我要写一封邮件，把它发送给29个朋友，邀请他们加入我的网站。我马上开始了这项工作：

亲爱的朋友们：

你们中很多人可能都知道，我因为患上了多发性硬化症，最近几个月都过得很辛苦。感谢你们一直以来，尤其是在我上次住院期间，送给我的卡片和祝福。现在，我很高兴地告诉大家，我感觉好多了。最近我接受了一位心灵导师的建议，并且从中受益良多。这建议就是，坚持在29天里每天送出一份礼物。

到目前为止，我已经送出了7份礼物。我为它们带给我的那些美好、超乎想象的东西而感到惊喜。我又开始散步了，而且在过去的一周里，我每天都能借助手杖的帮助走那么一小段路。

因为你是我的朋友，是一位天生的奉献者，所以我想你会有兴趣和我一起来做这件事。

我们可以用我建的网站www.29gifts.org来进行交流，一起分享我们的奉献经历。

非常欢迎你把这封邮件转发给你认为会对此感兴趣的人。我爱你们！

凯米

下午的时候，我的电话响了起来，是我的朋友伊芙，她也收到了我的邮件。她告诉我她很喜欢这个主意，计划着下周开始她的付出之旅。

“你愿不愿意为这场付出行动送出一份礼物？”我问她。

“你需要我做些什么？”

“我想让这个项目的网站有自己定制的风格，要比我今天用模板做的酷一点。我想知道你是否愿意帮我设计并制作一个网站，嗯……当然要免费的。”

这要求似乎有点过分了。伊芙是一位自学成才的网络高手，也是一个非常忙的人。我曾雇用她给我的客户做过很多网站，她也总会给我开个“朋友价”，可是她从未免费帮我做过什么。而且现在做一个网站怎么也要几千美元。她有我需要的技术，但是我也明白，我这是在碰触友谊的底线，这很危险。

“没问题，”她毫不犹豫地答应了，接着又说，“其实我打电话过来也是想请你帮个忙。今年夏天我要去南非做义务教师，不过我得筹集一万美元作为此次旅行的费用。我给家人和朋友们写了封信，希望你能帮我看看，修改一下。”

能有机会帮伊芙做些事情，提前回报她无私的帮助，让我心里舒服了不少。“当然可以。你把它发给我吧，我明天就看。”我可以把这个当做明天的礼物。“不过你可吃了个大亏哦，我可能会在你的信上花一小时的时间，可是你却得在我的网站上花费二十几个小时。”

“吃亏是福嘛，我真是爱你！”

“对，吃亏是福。”我禁不住哈哈大笑。

“对了，你是怎么认识那个女巫医的？她叫什么名字来着？”

“姆巴利。”我说，接着把在奥克兰时姆巴利如何成为我们邻居的故事讲给她听。

当初，我和马克为了节省一些生活费用，也为了离医院更近一些，就把家搬到了旧金山一个很小的地方。那时我想，我可能再也见不到姆巴利了。不久她也会像其他一些朋友一样——偶尔联系，却很难再有机会见面、一起分享生活中的各种细节。可是没想到，在饼干盒一样的小屋子里住了一段时间之后，我收到了朋友安吉尔发来的邮件。安吉尔是我的冥想老师，我那时刚认识她没多久。

邮件里她告诉我，她已经邀请了姆巴利作为特邀嘉宾，来参加下周举行的“治疗沙龙”。所谓“治疗沙龙”就是修炼不同身体运动（*瑜伽、按摩等都属于身体运动课程*）和冥想法的人们举行的一次聚会。这种聚会每月都会举办一次，而且每次都会有一个演讲者向大家演示或者和大家一起讨论她的工作。姆巴利这次来就是要向大家演示“子安贝壳占卜法”（*Cowrie Shell Divinations*）。这真是太巧了！我一直不知道安吉尔也认识姆巴利。不过后来我了解到，她们曾是十几年的同事。

伊芙的声音打断了我的叙述：“那你去参加那次治疗沙龙了吗？”

“当然去了，我是个好奇的人。想去看看这个‘子安贝壳占卜法’到底是怎么回事。”

我走进安吉尔家的客厅时，姆巴利正盘腿坐在地板上，面前铺着一大块布。那布上画满了各种手绘的符号——有奇怪的图形，有脚印、手印，还有一个像罗盘一样的东西。我真不知道该想些什么。姆巴利对于我的到来感到十分惊讶，我们热情地同对方打了招呼。姆巴利那天的打扮很特别——我们一起拼车上班时那些光鲜整洁的职业装不见了，取而代之的是一身部落式的装扮。她戴了一些粗重而且颇具部落风情的首饰，腰上扎了一条镶满贝壳的腰带，头上包了一块非洲特色的头巾，上面还插了一根豪猪刺。她脖子上挂着一个皮药袋。安吉尔介绍说，姆巴利是个女巫医——我还是第一次听说她还有这么个头衔。我和另外7个女人围坐成一圈，观看姆巴利用子安贝壳占卜法为安吉尔卜卦。

姆巴利开始吟唱一支很好听的歌，邀请我们的祖先和我们坐到一起。她把脖子上的药袋拿下来，从里面掏出三枚来自于非洲的子安贝壳，仔细地放在自己的右边；她打开身边的一个篮子，之后又拿出一个小袋子，把一小堆水晶、贝壳和小石子倒在了布中央那个罗盘样子的圆圈中间；这时她从一个封口塑料袋里抓出一把灰，洒在那堆东西上。“这有保护作用。”她用她那优美的嗓音告诉我们。

保护什么？我禁不住开始浮想联翩。

姆巴利又打开一个篮子，从里面拽出不少东西，其中还有一只鸡爪，看它那样子估计被割下来有段时间了。仪式完成之后，姆巴利转向安吉尔，问她："你的问题是什么？"

安吉尔向姆巴利讲述了她前一天晚上做的一个梦。在那个梦里，安吉尔早已过世的父亲走到她面前，递给她一个婴儿，然后就离开了。"我想知道这个梦有什么意义，"她说，"是我的爸爸在向我传递某种信息吗？"

姆巴利向她确认了一下："那么你的问题就是，'在这个梦里，你的父亲要向你传达什么信息'，对吗？"

"是的。"安吉尔轻声回答。

姆巴利开始了她的占卜。这有点像读心术，只不过是使用了不同的工具而已。她问了安吉尔很多问题，然后也像塔罗牌占卜师一样，用她的子安贝壳为解读指明方向。安吉尔的父亲曾在妻子怀孕的时候，十分暴力地对待她，而妻子肚子里的孩子正是现在的安吉尔。据姆巴利所讲，这位暴力的父亲在安吉尔的梦中送给她一个婴儿，是想把安吉尔的童年还给她。"你的父亲想告诉你，虽然你在成长的过程中遭遇了很多伤害和虐待，但是你的父母是因为相爱才孕育出你的生命的。"姆巴利用一种催眠般的语调说，"他想与你和解，他想得到你的原谅。"

晚上的活动结束之后，我立马就找到姆巴利，和她约好下周去她那里，让她为我做一次占卜。

在电话里聊了这么久，我的耳朵都有点麻了，只好把电话换到另一边。

"那你去了吗？"伊芙问我。

"是的，我去了。不过那次会面和我预想的一点也不一样。"

其实，那天到姆巴利家时，我就感觉身体不大舒服，而她也担心我的能量太低，没法占卜。我们面对面坐下来，她唱起了开场的颂歌，把贝壳从袋子里拿出来。"现在开始安全吗？"她大声问道，接着便把贝壳扔了下去，三只贝壳全部是正面朝下落在地上。她又问了三次，而这三次也是一样，所有的贝壳都正面朝下落地。“抱歉，很明显现在不能占卜。”她对我说，“虽然无法占卜，但我可以给你做次大扫除。”

“大扫除？”

“就是能量清除。这也是一种治疗方法。你愿意让我这样做吗？”

我曾经接触过一些治疗师，他们有时也会使用一些能量疗法。事实上，传统对抗疗法的西方医学也是仅存的不支持能量理论的学科之一。而东方医学，中医，阿育吠陀医学（*Ayurvedic印度草医学*），顺势疗法，按摩，甚至指压都有一个基本的理念，认为人体是一个能量系统。在能量水平上对身体进行治疗，会取得很好的效果。能量模式一旦失去平衡，就会引起阻塞，或者某些部分能量过盛。这种不平衡会以疾病的形式表现出来。而这种能量疗法的目标就是重建平衡。

“当然可以。”我说。在这么多年和各种治疗者打交道的过程中，我了解了一件事情：一个治疗者的技巧并不是最重要的，重要的是治疗者的意图和目的。我相信姆巴利，坚信她的目的很单纯。

她把一块淡绿色的床单铺在客厅的地板上，让我平躺在上面。然后她就去开冰箱。

“真走运，我今天去农贸市场，居然买到了鹌鹑蛋。我给你用三只吧。”

鹌鹑蛋？

每次，姆巴利都用一只鹌鹑蛋滚遍我的全身，从一只脚开始，然后是腿、肚子、胸部，一直到脸。她又让我翻过来，用鹌鹑蛋在我背后滚了三次。之后，她把几只蛋都打到碗里。

“你要用这几只蛋干什么？”我问。她把我扶起来，让我面对她坐着，我用下巴指了指那些鹌鹑蛋。

“我会把它们埋到我的后院里。现在我要给你洗个澡，”她告诉我，“到卫生间去，脱掉衣服，给自己冲个澡。水要调热一点，热到你受不了为止。”她指挥着我，“一会儿我就去帮你完成这次大扫除。”

我按照她说的去做了。没多久就听见她走进了卫生间。我站在淋浴器下面，一开始水还有点凉，不一会儿就热了起来，热得都能把人的头皮烫掉。当滚烫的水淋到我头上时，我忍不住咒骂起来。

“你还好吧？”我听见姆巴利这样问我。

“不好意思。”我说，“我没事。”

“等下我会在你头上倒些东西，你把它揉到头皮上。”

我听见浴帘被拉开的声音，接着姆巴利咖啡色的手臂就伸了进来。

“转过去，背对着我。”她说。

我转过身，有一些冰凉的液体流到我的头皮上，感觉舒服多了。水流中顿时掺杂了一阵花香。我按照姆巴利所说的，把那些带香味的液体都揉搓到头皮上，之后关掉了水龙头，擦干，穿上衣服。

我再次走进客厅，坐在她的小沙发上。姆巴利坐在地上的一个垫子上，面对着我。

“我想给你一些指导，希望你在下周之内按照我说的做个仪式，这也可以说是一种‘药方’吧”，她接着解释道，“今天你一回到家就要把你现在穿的这身衣服脱掉，把它们都装到一个塑料袋子里。去亲近大自然，再供奉一些祭品，包括25分钱，一小瓶酒和一些鲜花，你要把这些东西供奉给自己的祖先。如果需要的话，向祖先寻求帮助，让他们来指引你。”

“在下周的某个时间，你会遇到一个无家可归的男人。给他买些午餐，再给他7美元现金。不必刻意去找他，等你看到那个人时就知道一定是他。你可能会从他身边走过，不过你之后肯定会转过身原路返回，或者打破原来的路线重新回到他那里，将你的施舍送给他。完成这一切之后，把你今天穿的衣服送给别人，把内衣扔掉。然后，你两周之内都可以来我这儿，那时我会给你占卜。”

“可是我这套衬衫和牛仔裤都是新买的呀！”我发出一阵哀鸣，“而且这件文胸花了我90美元呢，虽然穿了一年了，但是一点都没变形。这衬衫和牛仔裤今天是第一次穿。”

姆巴利被我逗笑了。她的鼻子周围有很多小斑点，窗外射进一道阳光，正好照在她脸上，让她的脸蛋看起来也闪闪发光。“要不要接受这些建议由你说了算。你自己选。”她带着浓重的英国口音对我说。

我困惑地离开了姆巴利的家。就在那间屋子里，一定有什么神秘的事情发生在了我身上。虽然我现在还不知道它是什么，但是我敢肯定它对我有很大的影响。我知道我还会再来找姆巴利的。

我从电话里听到了伊芙的窃笑声。“哦！不！不要扔掉你漂亮的文胸！你按照她说的做了吗？”她问我。

“算是做了一部分吧。”我回答着，把接下去的故事讲给她听。

那天我一回到家，就把衣服脱了下来，放进袋子，塞到衣柜的一个角落里。第二天我去了“天涯海角”（*Lands End*）——一条蜿蜒在太平洋海滨上的小路。这里是我在旧金山最喜欢的地方，有高耸的海崖，有一片一片的树木，还有美丽的海景。在一座海崖底部的一块高地上，有一个用石头砌成的圆形迷宫。我走到迷宫中间，摆上姆巴利所说的那些供品。我留下25分钱、一小瓶打开的“绝对伏特加”（*Absolut vodka，世界著名的伏特加品牌。我以前最喜欢的酒*），还有在路上采来的三枝野花。我在那儿停留了一会儿，让自己沉思。我默默地向祖先们寻求帮助。帮助我，让我明白我为什么会得多发性硬化症，让我治疗我自己。请驱除我的恐惧和焦虑，将我的创造力再次

点燃。请帮助我和马克，让我们共度难关。

又过了一天，我做完针灸沿着瓦伦西亚街（*Valencia Street*）往家走。天空正飘着雨，没完没了。北加州的冬天总是这个样子。我很郁闷，自己居然忘了带伞——在旧金山生活十年了，早该知道这里的天气是个什么鬼样子！没走多远，我的衣服就湿透了。

我从一个男人身旁走过。他正直直地躺在地上，一看就是个病人，瘦得连关节上的骨头都支了出来；灰暗的眼睛深陷在咖啡色的眼窝里，还带着大大的黑眼圈；一根手杖歪歪斜斜地丢在他身旁。一如平时遇见这种无家可归的人一样，我漠然地从他身边走过。我把头转向另一边，这样就不会再看到他的眼睛，就不必再为不能给他一些施舍而向他道歉。我走完剩下的三个街区，总算到家了。就在我把钥匙插进房门的那一刹那，我突然意识到，他就是我要施舍的那个男人。我懊恼地大叫一声，我为什么现在才想起来？我可不想再跑到雨里待三十分钟。可最后我还是转过身，拖着脚一步一步慢慢地走了回去。

我走进一家墨西哥餐馆，用银行卡买了三个玉米面豆卷和一大瓶水。这家餐馆不找现金，所以我只好走到两条街之外的一家社区商店，在那里的提款机上取了20块钱。为了换零钱，我又买了包糖，把它和之前买的玉米面豆卷放在一起，接着往前走去寻找那个男人。我找到了他，他还躺在人行道上。

他依然躺在原来的地方。我走到他身旁，弯下腰——他那双棕色的眼睛里一片茫然，白眼球变成了黄色，上面布满血丝。这些，还有他脖子上的那些病变说明了一切——他得了艾滋病。这个男人快不行了，我这样想着。

我把袋子递给他："我给你带了些吃的。"之后，我又把卷在一起的7块钱纸币也给了他，"这也是给你的。"

他接过钱，把它们放进口袋里面。“您能把袋子放在这儿吗？”他问我，拍了拍他身旁的地面——他的三颗门牙都掉了——他伸手去抓手杖，挣扎着想要站起来。为了不让他再次摔倒，我本能地扶住他的胳膊。站起来之后，这个男人用空着的那只手拍了拍我的左肩。眼泪从他那疲倦的眼睛里流了出来。“非常非常谢谢你。”他对我说，“上帝会保佑你的。”

一阵暖流穿过我的身体，我微笑着对他说：“谢谢，希望你喜欢玉米面豆卷。”

听了这话，他突然大笑起来，真没想到他能笑得那么大声。“喜欢，非常喜欢。”

“那就好。好好吃顿饭吧。去找个地方避避雨，喝点热茶。现在又湿又冷，最好不要待在外面。”

“我会的。祝您愉快。”男人说着，弯腰捡起来那袋食物。

我看着他走进旁边的一家咖啡店，然后转过身，慢慢朝家的方向走去。真好，我总算还有家可回，不用在外面淋雨；我的厨房里还有吃的——我真的应该感激这一切。感谢老天，我的病虽然不断发作，可不管怎样，我得的不是艾滋病，我还有希望。毕竟多发性硬化症本身是不致命的。即便这种疾病会带给我这样那样的缺陷，可不管怎样我还有可能会活很久。很多时候，我都沉浸在对自己的同情和怜惜之中，可是不可否认，世界上还有更严重的疾病。

“哇哦！”电话那头的伊芙沉默了一会儿，“那你怎么处理那些衣服了？”

“我决定把那件90块钱的文胸留下来，扔掉了短裤。那条牛仔裤我也留下来了，衬衫送给了别人。你知道有趣的是什么吗？”我对伊芙说。

“什么？”

“之前，我以为给自己找了个很好的折中办法。可是现在回头想想，我之所以不愿意放弃那些物质性的东西，是因为我不愿意作出改变。”

“有点意思。你还有别的文胸和牛仔裤吗？”

“有。实际上，算上我没送出去的这条，我现在一共有两条牛仔裤。而那个文胸呢，也是我现有的三个文胸中的一个。我们搬到洛杉矶之前彻底清理了一下，我把很多衣服都送人了。”

“嗯——你只有两条牛仔裤，可是姆巴利却让你把其中一条送给别人。你打算怎么办呢？”

“估计我还是不愿作出改变。”我大笑着说。

我和伊芙聊了一个多小时。挂断电话之后，我径直走向衣橱，把牛仔裤和文胸从里面拿了出来。我扔掉了文胸，把牛仔裤装到一个购物袋里，捐给Goodwill（*全美最大的慈善商店*）。我终于准备好了，我要忘记过去！

第9章

送给妈妈的礼物

3月27日 星期四

我渐渐学会了用一种平和的心态面对自己的人生，梳理目前的生活。其实，机会对任何人都是平等的，它一直在那里，等你去发现。

我在给妈妈准备礼物，以感谢她在我做药物解毒之前专程从内布拉斯加赶来照顾我。我给她写了个小小的感谢卡，把它和一罐韩国柚子茶包在了一起。这东西看起来很像橘子酱，可是一旦你把它放在热水里溶解之后，它就会变成美味得难以想象的茶。昨天去做针灸的时候，金医生送了两罐这种柚子茶给我，她知道我很喜欢喝。我写下妈妈的地址——内布拉斯加州，金博尔县（*Kimball*）——这是一个坐落于内布拉斯加州西部，全县只有一个停车灯的小城。我的童年就是在那里度过的。我们家姐妹三个，我是老大。说实话，我和妹妹朱莉、迪娜都不是容易管教的孩子，可是妈妈却从未对我们发过火，她是我见过的最有耐心和最无私的女人。

就在最近，妈妈还让一家人搬到家里住了好几个月，因为他们这段时间有些困难。几年前，就在我和妹妹们相继离开家之后，妈妈还邀请一个十几岁的女孩到家里住了差不多一年的时间。那个女孩和她妈妈吵架，被赶了出来。妈妈给慈善机构捐赠了很多东西，她不但每月都会到教堂服务，还在社区做义工。她是个乐于奉献的人，而且一直都是这样。妈妈做了33年的幼儿园教师，整天和孩子们打交道。而在我看来，如果哪个人能整天和别人家的5岁孩童待在一起，回到自己家里还能做个耐心细致的好妈妈的话，那她一定是个圣人。

我的爸爸和妈妈结婚快四十年了。曾经有一次，我问妈妈，是什么让她和父亲的婚姻能够如此长久。她说："很简单，不论发生什么事情，都不会影响我们的关系。"

我的父亲也是个慷慨善良的人。如果哪个亲戚朋友需要帮助，他们第一个想到的肯定是拉里·沃克（*作者的父亲*）。为了养家，父亲开了一家药店。他每周有6天都要待在这个店里，可是即使是这样，他居然还能抽出时间去经营自己的农场。父亲的身体里流淌着农民的血液——他的父母，祖父母甚至是曾祖父母都是农民。虽然我的爷爷奶奶坚持让自己的孩子上大学，可是父亲对土地的热爱却从未消失过。他的辛勤工作，换来了家人的好生活。我们不是什么大富之家，但是不管我们需要什么，都会得到满足。我真的很感激父亲，感激他让我和两个妹妹知道了要靠自己的劳动换取想要的东西，他让我们明白了一美元中所包含的价值。他教给我们一些旧式的、中西部农民的价值观，让我受益终生。

7岁的时候，我为了买一辆新自行车，在爸爸的药店里——那也是一家礼品店——工作了很多个小时，做一些琐碎的工作，比如包装礼物，打扫储藏室一类的活儿。最终，我赚了40美元，这正好是那辆自行车总价的一半。爸爸的教育让我印象深刻，我十分珍惜这辆自行车——因为它里面包含着我的劳动成果，那香蕉形的黄色车座，还有垂在车把下面那些闪闪发光的金色丝带，都是我自己赚钱买来的。

爸爸很节俭，但他绝不是那种守着钱不放的吝啬鬼。他曾经帮助一家失去农场的世交付清房子的首付，还替他们担保。当然，你或许会说："那是在内布拉斯加，一座房子的价钱没比一辆汽车贵多少！"这话没错，可又有多少人会为别人做这样的事情呢？他还借钱给一个朋友，帮他的儿子上大学。我上大学时考取了全额奖学金，所以没给爸爸增加什么负担。不过这种状况并没有一直持续下去——我还没有读到大二就退学了，和朋友一起合伙开了家网站设计和多媒体公司。我想爸爸当时可能更愿意花些钱让我继续在学校念书，可是我的想法谁都没法动摇，最后，他只能借钱给我和我的合伙人，帮助我们创办自己的公司。

我的生意伙伴是个22岁的小伙子，那时我正和他谈恋爱。在开办这间公司时，我们几乎是犯了所有能犯的错误。我们大部分的启动资金都来自于我名下的信用卡；我们雇用了一些学校里的朋友，而他们中大部分人都不是真正的设计师或程序员，事实上，大家没有什么工作经验，只不过是在这个过程中学习一些必要的技巧。虽然开办自己的公司是件很有趣的事情，我们也取得了一些小小的成功，可最终还是无法挽回失败的局面，大家就此分道扬镳了。

但是，一切代价都要由我来承担。23岁那年，我不得不申请破产。我给爸爸打了电话，告诉他我已经负债累累，希望他能帮帮我。但是爸爸没有这么做。他只是告诉我，要对自己的选择负责，既然那是我的选择，我就应该承担这些后果，让我自己想办法摆脱困境。当然，那时我非常生气。可现在，就在十四年后的今天，我终于明白了父亲的苦心。他在拒绝我的请求时也很难过吧？世上哪个父亲会愿意看到自己的女儿为她所犯下的错误痛苦不堪呢？可爸爸这样做只是想让我学会承受打击，让我吸取教训——这是他的慷慨，是爸爸给我的礼物。

对于内布拉斯加，我还有一些其他的记忆。我长大的那个地方，是自身免疫性疾病的高发区。就拿我们家来说，五个人中有四个人患有这类疾病：我的妈妈有纤维肌痛综合征（*fibromyalgia，一种非关节的风湿病*），一个妹妹有腹泻病（*celiac，病人吃了小麦蛋白之后就会腹泻不止*），另外一个妹妹有牛皮癣（*psoriasis*）——只有爸爸一人的免疫系统没有遭到破坏。而在妈妈的娘家那头，我的外祖父，姨妈，还有一个同辈的亲戚，都有无法治愈的自身免疫性疾病。

金博尔有大片的农场，每到夏天，农民们就会给庄稼喷洒大量的杀虫剂。那些杀虫剂在空中形成一团一团的云雾，记得小时候，我和伙伴们经常会骑着自行车在田野间追逐那些“杀虫剂云”。那时我们把这当成一种游戏，可现在，我想知道，我们中有多少人追到了自己未来的疾病？在我的家乡，不但所有的蔬菜粮食都喷洒过农药，就连家畜也是吃了生长素的，这样，那些被我们吃进肚子里的肉也是被污染了的。更糟糕的是，这里还是个石油县，人们经常会到这儿来钻井采油。这对我们的地下水供应没什么好处。那时，我两个好朋友家的后院都被挖成了油井。

在19世纪的60年代到80年代之间，金博尔又成了著名的“美国导弹之城”，这荣誉无疑是覆盖在毒蛋糕上的一层糖霜。那些年，小城周围布满了地下核导弹发射井，甚至是我们最大的一座城市公园的正中央，还摆放了一个与实物一样大小的报废的“土星5号”导弹。裁减军备之后，我们一群孩子就常常跑到那些废弃的发射井里去玩。我们学着印第安纳琼斯的样子，毫无保护措施地在那些洞穴里“探险”。你能想象得到，在那几十年里，我们受了多少辐射吗？

尽管做了大量的调查和研究，医生和科学家们还是无法知晓是什么原因引起了多发性硬化症或者说引起了大部分的自身免疫性疾病。不过广泛认为，以下这三种互相叠加的因素是引起这类疾病的主要原因：1.基因因素（*很明显，从我妈妈的家族病史来看，我符合这个条件*）；2.环境毒性（*家乡的杀虫剂，受污染的食物，还有那些辐射，都为我的病提供了“条件”*）；3.体内未确定的病毒性活动（*这也是我病史中的一个主要部分*）。

我把感谢卡放进送给妈妈的礼物里，关于家乡的一些美好回忆又回来了。我突然想到，我应该把马克前几天拍的一些大头照也放进去。因为经纪人的要求，马克去拍了些新照片。拍照时，摄影师把他装扮成各式各样的人物。在我最喜欢的一张里，马克穿了一件花格子的法兰绒衬衫，外面套了一件绿色带帽的运动衫，还带了一顶破旧的约翰迪尔帽——简直就是个善良朴实的农民嘛！

我翻遍了马克的办公室，去寻找那张照片。上帝！他和爸爸年轻的时候太像了！弗洛伊德看见这照片会说些什么呢？（*弗洛伊德认为大部分女孩都有恋父情结，会在男友身上寻找父亲的影子*）他有和爸爸一样的友善的棕色眼睛；深色的头发，有些轻微的谢顶；还有那经常挂在爸爸脸上的浅浅的微笑。只不过我爸爸是个典型的中西部人，是个真正的内布拉斯加男子汉。看了这张照片，我觉得马克真应该去给约翰迪尔农机公司做代言人，他看上去太像个农民了。妈妈看到这照片也会大吃一惊的。于是我把照片也放进盒子里，封了起来。

之后，我开始思考发起一场付出行动的可能性到底有多大。首先，我得给这场行动找个名字——最终我选择了“29天付出挑战”作为整个行动的名字。我知道伊芙一定会给我一个很棒的设计方案。能和大家一起分享我的好运气真是件开心的事，而且这还能将我从疾病带来的痛苦中解救出来，让我不再自怨自艾。就在我想着要在下一步行动之前给姆巴利打个电话，向她汇报我的想法时，我的电话突然响了，正是姆巴利打来的。

“我来看看你最近的状况。你现在感觉怎么样？”她说。

“说真的，非常好！我只想告诉你，自从开始付出到现在，我受到了多大的影响。总之，我更加积极了。能够清醒过来，去思考一些可能的事情，总比老想着生活是多么地糟糕要好得多。”我大声地说着，这样这些道理就变得更加真实。我不要再做之前那个怨恨、愤怒、沮丧的女人。希望我能坚持下去。

“是的。你已经把注意力从你缺少什么转移到你可以奉献什么上来了。”

“我真的感觉到这种变化了。”

“**要注意，不要把付出当做一种义务，不然的话你就会陷入到一种不足的模式当中，你会感到疲惫不堪。你会无法承受，会……会失去平衡。**就我个人而言，我在作出付出的决定之前，总会问自己‘这种付出会带给我能量吗？’以此来衡量我是不是把付出当做一种义务。如果我的心告诉我一个肯定的答案，那么我就会知道，我是在用自己的爱心送给别人一份真正的礼物。”

我会把这些原则都记下来，以后细细地品味。而现在，我能理解到的是，一种简单的日常行为里也可以包含深刻的意义，也能带来深远的影响。

现在，该思考一些实际的事情了，我要利用这次机会向姆巴利讲述我的想法，把我那些开阔的设计方案都告诉她——当然，没有她的允许我是不会实施这些想法的。

“姆巴利，我想知道，如果我把这个方法介绍给别人——我指的是很多人——让他们也参加到这场付出挑战中来，发起一场付出行动，你会有什么看法？”

她沉默了几秒。

“你发起这场行动的目的是什么？”

有那么一会儿，我的心情低落了下来。要是她不同意这个想法怎么办？

“嗯，”我小心翼翼地解释道，“我的目的就是激发人们的奉献精神。”

说完，我也沉默了，思考着姆巴利听到这句话会想些什么。最后，她终于说道：“我喜欢这个想法。”

“那意思就是我得到了你的允许，可以实施这个计划了吗？没有你的祝福，即使是让我去做我也会感到不舒服的。”

“你已经得到我的祝福了，凯米。或许我们还能想出一种方式，让我也参与进来呢。”

“那真是太棒了！”我这样告诉她，我的思维立马就开始了工作，开始思考如何才能让她在博客里把她的人生哲学同大家一起分享。

“对了，”趁她还没有挂断，我赶忙说，“你为什么会建议我在29天里送出29份礼物？为什么会是这个数字？我很好奇。”

“我的老师把这个仪式传授给我时，就是这么说的。我也不太确定‘29’这个数字有什么象征意义。可能跟月亮的运行周期有关吧。我会帮你查一下的。”

“没关系。”我告诉她，“有时候保持点神秘感也很好。”

我们又聊了一会儿，之后便挂断了电话。真感激她送给我的祝福和那些明智的话语。

现在，我十分需要躺下休息一会儿。

我睡了很长一段时间，不过还是很累。好像我睡觉的时候大脑还在工作一样。于是我从床上爬起来，到沙发上看电视，可是这却让我感到更加疲倦。

或许我该出去走走，我没什么兴致地想着。我关掉电视，在沙发上伸了个懒腰。就在一个星期前，我连续两天接连走了好几个街区。但是很多时候我都不敢走得太远，我怕走到哪里会累得走不回来。可就在这时，一个新想法在我头脑中闪过，为什么以前没有想到呢？我可以绕着我们这个街区走，如果什么时候累了，我就回家。如果还有足够的体力，我就再走一圈。谁会在意我是不是在绕着同一个街区一圈一圈地走呢？

我拖着手杖，慢慢地沿着通向正门的那一段楼梯往下走。我开始感到眩晕，还有些失去平衡，只好坐下来在楼梯上休息。然后，我以一种我能想出的最安全的方式“走”完了剩下的那几级楼梯：我坐在楼梯上，一级一级地往下挪着屁股。虽然不太优雅，但是却很安全。

外面的阳光让人睁不开眼睛，我的速度也慢得要命。不过我走完一圈，重新站在自己家门口的时候，我却一点也不累了。这样我又走了一圈。这之后又是两圈。就在走第五圈的时候，我有几次都差点摔倒，不过最后还是安全地走到了家门口。我坐了下来，在爬上那段楼梯之前，我要让自己好好休息一下。

就在病情严重的那几个月，我整天躺在床上为自己无法走出房门而懊恼。我那时还不知道，机会就在我家门外，而且一直就在那里。

29 Gifts for Perfect Life

第10章

改变的开始

3月28日 星期五

在很长一段时间里，如何和多发性硬化症对抗是我唯一能想到的事情，疾病几乎占据了我所有的生活。可在与别人的交流中，我逐渐想明白了很多事情，也学会了如何适应自己的疾病。

我搬到洛杉矶不久，就参加了一个叫做“最佳生存计划”的身体机能康复小组。因为前段时间的住院治疗，我错过了两次小组聚会——当然，那次解毒治疗可算不上是“最佳生存方式”。今天是我出院以来第一次参加聚会，上次来的时候，我大部分时间都是躺在那里，为自己哭泣。

我带了一本自己在医院时读的书送给贝丝，她也是小组成员。上次聚会时她告诉我，她很喜欢阅读，尤其喜欢推理故事。但是现在不行了，职能治疗师建议她读一些不同类型的、不那么复杂的书。我装进手提袋的这本书是桑德拉·克林（*Sandra Kring*）的《威娜莉的秘籍》（*The Book of Bright Ideas*）。在这本书里，作者用一个轻松的故事，讲述了友谊的治疗作用，这正好符合医生的要求，希望贝丝能够喜欢。

马克开车把我送到举行聚会的那栋楼前面，我一个人走了进去。我是最后一个到的。当我走进房间时，在场的四位治疗师和先到的六名会员脸上都洋溢出开心的微笑。

“凯米！看到你好起来真让人开心。”弗兰这样对我说，她也是个病人。

我找了张椅子坐下来，大家都亲切地和我打招呼。这样的欢迎方式真好。

他们都想知道我上次住院的情况。我呢，就向他们讲述了一些让我印象深刻的事情。我提到了那段噩梦般的解毒过程，我的两个室友，还有八天之后从医院里出来时激动的心情。因为那种身体长期依赖的物质突然被抽离的感觉很难形容，所以我也没有费力气去向他们解释。

“我住院的时候还把手杖打扮了一下呢。”说着，我骄傲地举起了我的手杖，就像“展示&讲述”课上的一年级小学生一样。

“你进来的时候我就看到它了。”一位治疗师说。我把手杖传了出去，让屋子里的每个人都看一看。

我转向贝丝，对她说：“我给你带了本书，也许你会喜欢。虽然不是推理小说，但真的是个很棒的故事。”

贝丝对我说了谢谢，之后治疗师就开始给大家上课了。今天，我同弗兰、贝丝要和一位治疗师结成一个讨论小组。我们会看看各自家里的照片，然后讨论一下如何才能让室内的空间更安全、更实用。没能和劳瑞分到一组让我有点郁闷，因为她是我在这里最亲密的朋友，不过能多了解一下贝丝和弗兰也是不错的事情。大家先看了我带来的照片。我们首先从客厅和餐厅开始。治疗师建议我把那些一块一块的小毯子都拿走，因为它们会把我绊倒。

“我会考虑的。”我说。其实对我来说，光秃秃的地板太过冰冷，而且我们屋子的天花板很高，铺上地毯还会降低回音。要是没有了它们，恐怕这家也不像个家了。我知道这想法有些不明智——为什么要为了一些不切实际的审美观点去冒摔倒、受伤的危险呢？不过我很了解自己，十分肯定那些地毯会继续留在那里。

接下来是“卫生间之旅”，也很让人郁闷。治疗师又建议我应该在淋浴器旁边和马桶周围都装上扶手，这样我进出浴缸或者上厕所的时候，就不会摔倒了。听了这些话，我的脸一阵灼热，估计它已经变成酱紫色了。

“那不是别人一进我家卫生间就知道我是个瘸子了？”我脱口而出。

“你是想要安全还是想维护自尊啊？”贝丝坦率地问。

“说实话，现在对于我来说，自尊更为重要。”能够把这句话大声说出来真的不容易。实际上，那些来我家的熟人都知道我得了多发性硬化症，他们不会在意我是不是个瘸子。但是我还是不想让别人发现我的不同，只有在外表上与他人没有差异，我才会觉得自己的内在也不比别人差，这样我才会有自信。

“我还没准备好向疾病妥协，”我用一种解释的语气对她们说，“我知道你们认为这很疯狂，但是你们俩有二三十年的时间去接受身体上的改变，而我的病从确诊到现在才两年的时间，我仍然相信，我能够让疾病的进程停滞下来。我也知道医学无法给我确定的答案，但是我坚信我会在某一个地方找到自己的答案。”

“凯米，你越早接受疾病带给你的限制，你的生活就越容易。”弗兰说。她说得很对，可是我却不想听到这句话。

我可以接受她们的建议，给厨房作些改变，我也会设法解决她们提出的问题。我不介意在抽屉和橱柜上装几只拉手，毕竟有时候我的双手会变得僵硬虚弱，无法打开那些东西上的门。而且我还可以选一些漂亮点的拉手，它们不会说明什么，至少不会让人知道我是残疾人，人们只会觉得这家的主人很有创意。我会把搅拌机和榨汁机放到一起，和我常用的那些东西放在一个地方。这样每天早晨我就不用再浪费力气在厨房里四处寻找需要的东西，之后再把它们一一放回原处。我还可以买辆小推车，把盘子、食物都放在上面，然后再把它推到房间或餐厅里，不用再来来回回跑好几次。这些方法可以帮我保存体力——将效率最大化，这样我就能用节省下来的能量去完成那些需要优先完成的任务。

最后，她们看了我家的进门通道。仔细看过照片之后，她们一致认为那段楼梯的颜色太深，倾斜度太大。

“我真担心你会因为看不清而从楼梯上摔下来。”弗兰不无担忧地说。

“是的。我也很担心。我拍照的时候还开了灯呢。你真应该看看它不开灯时的样子。”

“这样太危险了。”弗兰说。

“我们的房东挺抠门的。我想她不会愿意花钱帮我们安装灯架。”

“我有个办法，”贝丝说，“你可以去买一些绳索灯，然后把它们沿着护壁板一直扯到楼梯顶上（*一般室内的楼梯有一侧是靠墙的，楼梯和墙交界的地方会贴一层护壁板，防止人走路时把墙弄脏*）。绳索灯很便宜的，就是一些白色的小灯泡串联在一根电线上，然后外面包着一层透明的橡胶管。”

“聪明！”我大叫着，“我怎么没想到呢。我家有一大堆白色的圣诞灯呢，我可以用它们，根本用不着再花钱去买。”

看完我家的照片之后，我们几个又看了弗兰和贝丝家的照片。因为她们俩患病的时间都比较长，已经解决了不少问题，所以治疗师也没有给她们太多的建议。

接着我们就开始了今天的物理治疗部分。负责我的三个学生都为我的到来感到激动。他们也看了我的手杖，还听我讲了我在医院里的一些故事。之后，我们一起做了一些伸展和平衡练习。他们让我站在一个底部有点圆的小橡胶台子上，让我自己保持平衡。而他们三个就站在我身边，保护着我，不让我摔倒。我告诉他们，前几天我去滑旱冰了，而且还滑了25码那么远。他们都为我欢呼，还拿出写字板把这个可喜的进步记录了下来。我还跟他们说，我打算从下个星期一开始重新练习瑜伽。他们把这个也记在了写字板上。

一天的课程结束之后，马克开车来接我。我们正准备上车的时候，我看到劳瑞还坐在她的小摩托车上，等待着专门为残疾人提供的客车服务。外面热得不行，所以我到附近一家甜品站里给她买了瓶冰水，让她在等车的时候喝。客车没有按照预定的时间到达，劳瑞有些心烦意乱。我向她保证，我们会一直陪她等着，直到客车来了为止。听了这话，她似乎安心了许多。其实，有那么一两次客车也许一直不会来，如果今天会出现这种情况的话，我和马克也会把她送回家去。十分钟之后，客车终于出现了。司机把劳瑞扶上车，我们目送她离开。今天我已经送出两份礼物了：一个是送给贝丝的那本书；另外一个是陪劳瑞一起等车，确定她能够安全到家。对了，还有那瓶水。

在回家的路上，我同马克商量着要在家里作些改变。我相信当他听说一些简单的事情就能让我的生活更加安全时，他一定很开心。我知道，当他不在家、不能帮我洗澡、不能扶我上下楼梯的时候，他会多么地担心。一到家，他就开始工作了。

我看着马克把一长串白色的圣诞灯扯到楼梯旁的护壁板上，然后接通电源，把整个楼梯都照亮了。而且他还在护壁板上隔几英尺钉一个小钉子，把圣诞灯挂在那上面。这看上去很喜庆，像过节一样，而且我再也不用担心会因为楼梯颜色太暗而摔倒了。之后，我又坐在凳子上看他在厨房里作了些“升级”改造。

“这周末我们去买些我很容易就能用的橱柜拉手吧。”我建议说，“也可以给卫生间装几个安全扶手。你知道毕竟这些东西能让我的生活更容易一些。我只是需要一些时间来说服自己，让自己明白这不是在向疾病妥协。”

我能答应作出改变，马克就放心了，我自己也感到很轻松。在那么长时间里，多发性硬化症是我能想到的唯一一件事情，我的脑子里在没有空间去存放一个平和的想法。如果我能学会适应这种疾病，而不是一味地同它对抗，那么我可能早就想通了很多事情，自己也会得到解脱。

马克微笑着走过来，给了我一个拥抱。我紧紧地抱着他，整个人都放松下来。

第11章

绽放的花朵

3月29日 星期六

当你用心去和别人交流时，你会觉得生活更有意义，而且生活真的会因此变得更有意义。

这个星期六，我一直都处于一种恐慌的状态之中，因为今天我和马克终于决定要看看那些堆在桌子上的账单了。

以前我没生病的时候，家里的所有生活费用都由我来掌管。不过最近我已经把这份责任推掉了。而一向勤奋的马克，现在更是竭尽全力地想要改善我们目前的经济状况。两年前，我就辞掉了广告公司的工作，虽然我的医保福利可以保留三年，但是频繁地住院、进急诊室，还有参加各种替代性治疗的费用早已让我们入不敷出——那简直就是个天文数字！三个月来，我一直没敢看我们的网银账户。我害怕看到那些刺眼的数字。

但是今天，我决定要面对现实。我和马克坐在我的办公室里，登录银行账户。首先，我们一起核对了支票簿上的金额。房租和公共事业费还有3天就到期，得先付掉。而付清了这些费用之后，我们的活期存款账户上就只剩下319.23美元了。之后，我鼓足勇气查询了一下储蓄账户。天哪！那里面只有1000美元！四个月前还是13000美元呢！

我惊呆了。过了好一会儿，我才转过头看着我的丈夫："马克，我们的储蓄账户是怎么回事？怎么什么都没有了？"

"这段时间我一直在把储蓄账户里的钱转到活期存款账户上，用来付每月的账单。而且我们搬到洛杉矶时也花了一大笔钱。"

"我们没钱了，你为什么不告诉我？"说着我的声音提高了许多，"我只知道事情很糟糕，可没想到会糟糕到这个地步。"

"我不告诉你是怕你发脾气，就像现在这样！"马克回击了我，"再说，你之前跟我说，让我不要和你讨论钱的事情，所以我就没和你说。我已经尽力一个人去料里好家里的一切了，你不能因为我做了一件你让我做的事而朝我大喊大叫。"

他坐在椅子上，不安地转动着身体。我还在生气，但是我知道他是对的。对于我们现在的经济状况，马克也是无能为力。我现在不赚钱，马克的工作也不太稳定，正苦于如何在这座全新的城市里重建自己的职业生涯。目前，我们的主要生活来源就是我每月的残疾人津贴，可这都不够我们两人基本的日常花销。就算我在感觉好些的时候，能做些咨询工作来补贴家用，可仍然是杯水车薪。所以很自然的，我们开始吃老本了。

"好了，冷静一下吧。"马克对我说。他也和我一样，不愿就这个话题再多说什么。"在未来三个月里，我应该会有一万块的收入。你一星期之前不是接到一个让你去做咨询工作的电话吗？"

"那个项目最快也要两个月后才开始，我还要工作一个月才能领到工资，这样一来就是三个月了。可我们手头的钱还不够这个月的生活费呢。就算再怎么省，信用卡也得刷掉600多块钱。"

我们的信用卡里已经欠了15573美元了，还有1500美元的车贷要还。而就在两年前，我还有6位数的收入，能把所有信用卡欠款都还清。

“这个月我们还得用信用卡买汽油和吃的。谁知道怎么才能让这些医疗费用减少一点呢？”说着，我一下子把堆在桌子上的医院账单推到了地上。又是7000美元，我们没钱了！

马克似乎很想从房间里逃出去，可是我才刚刚开始。

“而且，我们还在等会计师回复我们关于收入税的事情，就算我们不欠国税局的钱，也要付给会计师2000美元的服务费。还有，我很快还要去看牙，还得再花700美元。”

我越说越生气，愤怒、绝望、怨恨、无措，一下子全都向我涌了过来。

我开始低声哭泣。“亲爱的，我们被榨干了。”我小声说。

马克深吸了一口气，开始按他的太阳穴。“不，没有。”他说着，再次承担起收拾残局的任务，“我们只是负债而已，早晚会有办法的。你之所以会这么生气，是因为你忘记了负债是什么感觉。前两年你的确收入不菲，从来不用为付账操心。而你现在要做的就是要正确地看待问题。”

是的，他说得没错，以前我从不为钱苦恼。可是现在他还是那个老样子，总把事情想得那么好，把问题最小化。“哦！欠债是对的，可以了吧？”我反驳着他。“我们欠了3万块钱，连房租和水电煤气都快付不起了。真不敢相信，这种事会发生在我们身上！”现在，我几乎是在大喊了。

“在你冷静下来之前，我不想再和你讨论这个话题。”马克用一种十分克制的语气对我说，那声音似乎说明他一直在提醒着自己他是多么地爱我。在控制情绪这方面，他做得比我好。

“该死！”我尖叫着用拳头狠狠地往桌子上砸了三下。

“凯米，我在说真的，我要离开这个屋子，等你平静下来，能够讲道理的时候再来找我。”他平静地走出房间，那样子让我更生气了。

“我们都穷成这样了，你怎么还能冷静得下来？”我在他身后怒吼着。

他关上办公室的门，无奈地摇了摇头。

紧接着我挪到沙发那里，一拳打在沙发垫子上，又是一大堆咒骂的话。在暴怒的时候，很多想法都像气泡一样涌了出来。我再也不会送任何东西给任何人了！我真蠢！居然相信给别人几个零钱或者捐赠一条破牛仔裤就能让我的糟糕生活有所改善。我简直就是个白痴！

在一番独自发泄之后，我决定给自己找个听众，于是我打电话给我的妈妈。

还没等我开始讲述我的悲惨故事，妈妈就先说道："我决定要尝试一下你说的那个'29天送出29份礼物'的方法。"前几天我把要发起一场付出挑战的想法告诉了妈妈。"我打算从4月1号开始，我会尝试着去做，还会让一些朋友也参与进来。"

我实在没法让自己高兴起来。"挺好的。"我对妈妈说。

"听到这个消息你好像不太兴奋？"

我一股脑地把整件事情都告诉了妈妈——我们已经负债了，马克是个浑蛋，不把这当回事……我终于平静了一些，这时妈妈告诉我，她觉得马克做得对。

"亲爱的，欠三万块钱并不意味着世界末日。你们要做的就是和那些债主商量一下，大家一起讨论出一个可行的还贷方法。你很快就能做些兼职工作了，马克在洛杉矶的工作也会慢慢地有所进展。别让自己太累。只不过是钱而已，重要的是你的病情开始好转了。况且你也知道，如果你们真的需要的话，我和你爸爸也会帮助你们的。"

"我真无法相信，我都35岁了，还要打电话向爸爸借钱。真丢人。"

"寻求帮助不是什么丢人的事情，只是会挫伤一个人的锐气。我知道这对你来说很困难。"

“啊……谢谢你，妈妈。”

“我只是想告诉你一个事实。你一直都是个完美主义者，还非常倔强，总是要一个人承担所有事情。让别人帮你不是什么可耻的事。我让你爸爸接电话，我们一起商量一下。”

电话那头传来一阵温柔的低语。我停止了哭泣，调整好情绪准备和爸爸说话。

“喂——”爸爸从一个分机上接起了电话。

“嗨！爸爸，”我说，“你还好吗？我今天不太开心。我刚才告诉了妈妈……告诉妈妈我有一些经济上的困难……”真无法想象，说出这些话是多么地困难。我过去上班的时候，比爸爸赚得多。短暂的停顿之后，我闭上眼睛，把想说的话都说了出来：“我想我需要向你们借点钱。”我的脸快着火了。

“你需要多少？”我的父亲总是直奔主题。

“说实话吗？”

“说实话。”

之前，我只是想给妈妈打个电话，寻找同情。可现在，我却要计算出一个数字。抛开那些没用的羞耻感，我试着估算在我和马克开始赚点小钱之前，我们需要多少钱来付清各种账单。

“最好能借我2万块。这样除了一张先期利率为零的信用卡之外，我们就能还清大部分的债务了。”

“这可是一大笔钱呀。”爸爸这样回答我。

我迫切地需要他的帮助，可是看起来他并不打算让我轻易“得手”。我又回到了7岁那年，我想要一辆自行车的时候；又回到了23岁那年，我的生意破产的时候。

“我知道。”我告诉他，“如果你帮不上忙的话，我完全可以理解。我们会去咨询一下信用卡的相关事项。”我知道这样做会毁掉我们买房子的机会，至少未来几年是这样。但是如果万不得已，我也只能这样做。

“不，我不想再破坏你的信誉。”他表示会以非常低的利率借给我们16000美元，等我们工作之后再还给他。

“用不了多久，我们就可以每个月还给你300美元。这会大大改善我们现在的状况。”我只能指望马克的工作快点稳定下来，我的那份兼职也快些开始。

“这周晚一点我会发支票给你。我需要几天的时间准备一下。”爸爸真是个生意人。不过这一刻，我还真有些欣赏他这种性格。

我闭上眼睛：我是个多么幸运的人啊，至少当我身处困境时还有个人可以求助。

“爸爸，我真的不知道该怎么感谢你。”我说，感觉到从未有过的轻松。虽然在十几岁的时候，正处于叛逆期的我和爸爸相处得不太好，但是我一直都知道父亲是可以依靠的人。

“能帮到你们我也很开心。我和你妈妈刚开始过日子时也很困难，也要向我们的父母寻求帮助。我们买第一个房子时还是你爷爷做担保贷的款，首付也是他帮忙凑齐的。”

和父亲的交谈结束时，我已经摆脱了开口向父亲借钱时那种既紧张又羞愧的感觉，我真的要感谢爸爸。我在客厅里找到了马克，他正坐在沙发上看电视。我走过去，坐在他旁边。

“我们能谈谈吗？”我低声问道。

他按了下暂停键：“当然可以。谢天谢地，你看起来冷静多了。”

“嗯，我是冷静多了，因为我刚才给我爸妈打了电话，他们答应私人贷给我们16000美元。”

“什么？”他一下子爆发了，“我真不敢相信，你竟然不跟我商量一下就去借钱了！”他从沙发上跳起来，在那台已经被遗忘了的电视机前来回踱步。

“马克，我们需要帮助。”现在我们的角色对调了，我成了那个冷静的人，而马克却像我之前一样勃然大怒。

“这让我很难堪！”马克说，“你爸妈肯定会觉得你嫁了一个爱占便宜的笨蛋，根本照顾不了你。”

我原来还以为只有我的自尊心过于敏感呢。

“他们没有那样想。他们知道是因为给我治病家里才变成这样的。而且他们之所以会帮助我们，是因为他们现在有这个能力。”

我站起来走到他身边，可还是无法让他停下来。

“我们不能拿他们的钱！”他怒吼着。

“我们不是拿他们的钱，是借。我们还要还给他们的。有利息的。”希望这么说能让他心里好过一点。

他终于停下来了，转身看着我：“我无法相信这一切，你在想什么啊？你打电话借钱之前应该和我商量一下呀。这些问题本来应该靠我们自己解决的，可是你却像个小孩子一样，跑去找爹地和妈咪。”说完，他厌恶地转过身，继续他愤怒的踱步。

“亲爱的，我不是故意不和你商量。其实我本来只是想给我妈妈打电话发泄一下心里的怨气，可是却不知道怎么搞的，到最后却向我爸爸借钱了。我自己都没意识到。”

“你现在再给他们打个电话，告诉他们我们不借那笔钱了。我们可以向银行贷款，然后把欠的钱都还上。”

“不，我不会那么做的。我们确实需要帮助，而且我爸爸给我们的利息比银行低得多，我们应该接受爸爸的贷款——暂时的。”

“我很讨厌你用这种方式和我说话……好像我的想法总是无关紧要，一切都要由你来决定一样。”

“那好，我也讨厌你这个样子，像个自尊心过剩的白痴，死也不承认自己需要帮助！”

现在我们俩都快疯了。我知道再说下去也是毫无意义。

“我要出去散步了，”我说，“你要跟我一起去吗？”

“不要。”马克已经气得七窍生烟了。

我一个人打起精神，拿着手杖来到那条每天都要走上几圈的路上。两圈下来我居然一点也不累，好像浑身都充满了力气，步伐异常稳定。难道是刚才生气的时候肾上腺激素分泌过剩了？我决定改变路线，不再像往常那样只是绕着我们这个街区走，我要沿着日落大道，一直走到两个街区外的那家杂货店去。

到达小店的时候，我真是又热又累，满脸通红。我坐在店外的长椅上休息了一下，之后就走进开了空调的小店里让自己凉快凉快。我真该为自己感到骄傲，我居然能走这么远。我知道我能说服马克接受爸爸的帮助，而且这笔钱会让我们的生活压力减轻很多。我站在鲜花区里，闻着玫瑰花的芳香，开始回忆从开始付出实践到现在的十天里所发生的好事情：

有人给我提供了一份市场顾问的工作。

我得到一份免费的早餐。

我开始每天出来散步。

我的睡眠好多了。

我可以谦逊地接受父母的帮助了。

我不想停止这种实践，我想，我会坚持到底的。

我渴了，但是却没带钱包。我把手伸进牛仔裤口袋，希望可以找到些零钱。让人意外的是，我的口袋里居然有一张卷成一团的20块钱，看样子好像洗过了。我走向咖啡台，请自己喝了一小杯冰茶。

我坐下来一边喝茶一边欣赏那些漂亮的鲜花。这里玫瑰和百合都有卖，可是我的钱只够每样买一束的。鲜花总能带给我好心情，所以出来的时候我就买了一束，用胳膊夹着离开了小店。

外面的停车场里，一位年纪稍长的女士正费力地把一袋一袋的东西放进汽车的行李箱。她有一头银色的卷发，还围了一条浅绿色透明的头巾。她把最后一个袋子也放到了车里，关上行李箱，斜靠在车上擦着额头上的汗。我走了过去，停在她身旁。她很有礼貌地朝我微笑，我也微笑着问她："你想要几枝花吗？"说着我从我的花里分出几枝黄色的玫瑰，向她递了过去。

"多少钱？"她问。

"不要钱，这是个礼物。"

她开心地笑了，对我说："太好了。谢谢你。"伸手把花接了过去。

我一下子受到了鼓励。在回家的路上，我看到一个红头发的年轻女人正牵着一条黑白相间的小花狗，从我家对面的人行道上走过来。我赶忙从花束里扯出几枝百合，穿过马路走到她面前，这时她已经走到街角了。

"你想要几枝花吗？"我问她。

"不，不需要，不用。"她说话时带着浓重的俄罗斯口音。

更离谱的是，她居然连着往后退了好几步，好像我很可怕似的。

我慢慢走上前，拿出那几枝百合。

“你确定吗？它们很香的。”说着我深深地闻了一下手中的花朵，之后挑了一枝开得最好的举到她面前。

她嗅着鲜花的香气，脸上洋溢出美丽的微笑。

“哦天哪，真好闻。”她像一个小女孩一样咯咯地笑了起来。

“请接受它们吧，这是礼物，给你的。”我说。

她说了声“谢谢”，接过我手中的花，穿过马路向远处走去。

我似乎听到姆巴利在我耳边说**“当你用心去和别人交流时，你会觉得生活更有意义，而且生活真的会因此变得更有意义”**。

我缓慢地走上楼梯，发现马克还在沙发上看电视。我离开了一小时，他看了60分钟的连续剧。我把剩下的花放进花瓶，在里面添了些水，之后也坐到沙发上和他一起看电视。他再次按下了暂停键。

“对不起，”我对马克说，“我在接受父母的贷款之前，应该先和你商量一下。”

“我也对不起你，”他说，“我知道我们真的需要帮助。”

他叹了口气：“我从没想过要向我的家人借钱——没人有能力借给我们什么。但是我知道，如果我爸爸还活着，或者我妈妈有能力帮我们的话，他们也会毫不犹豫地帮助我们。也许我也不会觉得向他们借钱是什么不可思议的事情。现在我不得不承认，寻求帮助是很正常的事，没什么大不了的。”

还好马克不再生我的气了，我那颗悬着的心终于放了下来。

“我累了，”我说，“我一直走到那家杂货店，然后又走了回来。”

“哦！你太厉害了，亲爱的。看到你的体力越来越好，我真开心。”

马克向我张开双臂，我依偎到他怀里，把头靠在他的胸前，我都能感觉到他的心跳。我站起来，把花瓶搬到我们面前的咖啡桌上。今晚，洛杉矶还有两个女人家里也会摆着同样的花。这样想着，微笑不自觉地挂在了我的脸上。我又把头倚在马克肩上，和他一前一后地呼吸着。这一刻，我的心平静而从容，这种感觉躲了我好久。

29 Gifts for Perfect Life

第12章

作家的梦想

3月30日 星期日

想要让你的人生更加丰富，最好的办法就是让自己一直保持一种付出和感恩的状态。当我第一次被人称呼为作家的时候，突然觉得未来充满了无限的可能。

在过去的两年里，我养成了用便利贴记事的习惯，因为多发性硬化症已经开始破坏我的记忆力了。我离不开这些小贴纸，一旦便利贴储备不足，我就会很紧张。

我经常会从马克的办公室里偷出几沓便利贴，藏在自己的抽屉里。这让马克很是抓狂，因为每次他要用到这些东西时总是找不到。每星期至少有一次，他会怒气冲冲地闯进我的办公室，一下拉开我桌子最上面那个抽屉，惊叫着说："你为什么老是偷我的便利贴？你要用的话可以直接告诉我，我会给你买一些的。天哪！"

我从没向他解释过我为什么会需要这些彩色的小贴纸，因为那样就等于承认我的智力大不如前了。马克当然也了解，只是不说而已。他经常要跟在我后面，帮我关掉煤气灶、关冰箱门，帮我收拾残局。"你就不能多留意一下吗，凯米？"他一天要这样求我十次。

我不想告诉他，我已经在留意了，可是却不见什么效果，我还是会一直忘这忘那。我把汤放在煤气灶上加热，但是一转身就忘记了。直到锅里的汤被烧干，满屋子都是烧焦的扁豆味时，我才想起来。大概三个月前，我就彻底不再做饭了，我怕把房子烧掉。认输可能没有想象中的那么困难，可是我一直自认为是个“聪明”的人，聪明的人会一直忘事吗？所以我像着了魔一般，把各种各样的事情都写在便利贴上——我需要每天都记住的事情、一些随机的情绪或想法都是我记录的对象——之后我会把它们贴到墙上和办公桌上。大概每月一次，我会把这些纸条都收集起来，把它们整理一下，分类放到不同的笔记本里。

我有一个笔记本专门用来记录工作上的事情。这本子的封面上贴了我的业务名片，里面则被我分成“客户资料”、“营销观点”、“企业发展计划”以及“合作可能性”几个部分。而另外一个封面上写着“健康”两个字的笔记本里，则贴满了和我的健康状况有关的小纸条——有别人跟我提起的一些方法，还有一些我该去看看的有关健康的文章或帖子。我还有一个紫色封面的笔记本，这里面的记录没什么顺序，也没有分类，只是胡乱地贴了一些我自己写的读后感、几行小诗，也有一些对某些重要经历的潦草记录，希望有一天我能把这些经历都写下来。

我从来都不认为自己是个“作家”，不过我从很小的时候就开始写作了。11岁那年，我在杂志上发表了自己第一篇文章。现在我的硬盘里还保存着三首未完成的诗，还有很多故事、个人随笔，以及我为我的自传准备的超过百万字的文字资料。可是这两年多，我再没有碰触过它们。在患病之前，我有一个博客，点击率很高，还获了几个奖。我在那里倾吐心声，把我生活中的故事，还有我同精神疾病、不良嗜好以及饮食失调作斗争的经历同大家一起分享。人们常常会亲自写信给我，向我倾诉他们生活中的各种痛苦、隐私。而我的悲惨故事更是促使很多人（*后来也包括我自己*）向外界寻求帮助。

和我写的其他东西一样，我博客上的文章也来自于过去那些戏剧化的痛苦经历。可是，在遇见马克之后，我不想再把自己定义为“精神疾病患者”，于是我关闭了博客，很长时间没再写什么东西。我不想再用那些老调调来撰写文章，也不想让我的作品成为疾病的产物。姆巴利让我把“想要摆脱什么，并且希望用什么来取代这些事物”都写下来。这是个简单的要求，可是在很长时间里，我都无法完成。最后，我终于写出了一句话：我想摆脱疾病，让健康来取代它。

我伸手把办公桌架子最上面的一个空白笔记本拿了下来。我拿出一支蓝色签字笔，在笔记本封面上写下了“29天付出”几个字。之后我仔细地把那些和礼物有关的便利贴按照时间顺序一条一条地贴在这个笔记本里，我又匆匆记下一些补充的想法，并且把它们都转移到每天的礼物记录里。现在，我终于找到了一个地方，可以让我把那些重要的事情都记录下来，留到将来去回忆。

我打开电脑，开始为我每天的付出和更大规模的付出行动做几个文件。查得正起劲的时候，我的脖子和后背突然一阵疼痛。该死，我心里想，我过去一直沉迷于网络调查和写作，我可以长时间地趴在电脑前不动。可是现在，能在键盘上敲打一小时就算走运了。

这时，头脑里有个正面的声音告诉我，为这一小时感恩吧，至少今天你的手还能打字。我很开心，因为这声音很久都没有响起过了。

我的心中充满了付出的勇气。就在昨天，当我在路上把鲜花送给那两位女士时，我发起一场付出挑战的信心再次被点燃。那位俄罗斯女士闻到花香时流露出的表情让我感受到了快乐的能量。我想感受更多。**和陌生人之间有意义的交流让我如此感动。**

马克还没起床，那我就开始为杰夫准备一份小礼物吧。等会儿我们要去教堂，正好可以把礼物送给他。我坐在地板上，从书橱下面拉出一个金色的盒子。那里面装了一些我上次去远足时捡来的石头，那时我还住在旧金山呢。我拿出一个灰白相间的小石头，回忆着那次去“天涯海角”远足时的情形：海崖高高地耸立着，太平洋的海水不断冲刷着海崖下的岩石……旧金山湾靠海的地方总是很冷，所以那天我围了头巾，还裹了一件防风衣。在往车上走的时候，我看到一些小石子，我觉得它们十分特别，而且还很漂亮。就这样我把它们都装进防风衣的口袋，最后两个大口袋都被塞得鼓鼓的，衣服也被石头的重量坠了下来，这时我才不得不停手。我一直认为，有点重量的东西可以帮助人们把重要的事情记在心上。所以在之后的一年里，每当我被一些事情感动时，就把这些小石头当做“感恩石”送给朋友。现在，盒子里只剩下三块石头了。

我为杰夫选了一块石头，在它表面上涂了些精油。我把这块石头放进一个小手机袋里，用一根橙色的丝带将袋口扎起来。我还为这些石子做过一些标签，我从里面挑选了一张，贴在小袋子上：

你的感恩石

感恩会让你的人生更丰富。拿着这块小石头冥想；把它放到每天都能看到的地方；或者把它放在你的口袋里，以此提醒自己不断反思那些让你感恩的事情。这样做会帮你得到更多你想要的东西。

我从海岸小径沙滩（*Coastal Trail Beach*）上为你捡来这块小石头，它包含着我对你的爱和感激。我在它表面上涂了薰衣草、白色鼠尾草和葡萄精油。

真诚地送上我的爱和感激——凯米

我从书架上面拿下一盒贺卡，这些卡片都是妈妈用各种剪贴材料亲手做成的。说实话，这真的很有趣，因为在她和爸爸开的药店里有很多很多漂亮的卡片（*前面讲过这药店也是个礼品店*）。但她还是喜欢自己动手制作贺卡，一些看似简单的材料，到她手里就变成了一张新颖别致的卡片，而且她时常会寄一大堆卡片给我。

我为杰夫选了一张正面写着“朋友”两个字的亮红色卡片，然后坐下来给他写一封短信，感谢他能够加入到这个“29天付出”的实践当中。正巧我手上还有个小礼品袋，于是我就把准备好的东西都放进这个袋子里。除了喜欢做些小工艺品，我还喜欢搜集各式各样的礼品袋和包装纸，这也是妈妈遗传给我的爱好。

我和马克在教堂的停车场遇见了杰夫，我们互相挥了挥手，之后杰夫走过来和我们打招呼。

“我给你带了个礼物。”我微笑着对他说。

“我喜欢这种游戏。”杰夫大笑着接过礼品袋。

礼拜结束之后，我们坐到一起聊聊最近的情况。

“我一星期前开始送出礼物，没多久我就接了份制作视频游戏的活儿，至少能干一个月吧，”杰夫告诉我们，“而且其他一些机会也很意外地出现了。”

我太高兴了。“那么你认为周围的事情发生变化了吗？”

“是的，我真的是这么认为的。现在好像我每天都在期待着会发生一些好事情。”他说。

我明白他的意思，虽然我还有很多不如意，但是我仍然愿意相信，好事情会发生在我身上，至少有这个可能。或许当29天结束之后，我还会十分怀念这段每天都会送出礼物的日子呢。

回到家里，我躺了一小时，让自己好好休息一下。等一下我们要去朋友莉迪亚家参加她弟弟尼克的生日派对。不过在这之前，我先得抽出点时间绕着我们的街区走上5圈。这几天我觉得状态很好，脚步比以前稳健多了，所以我今天要尝试一下不用手杖。其实前些天我已经在我家的走廊上试了很多次了。我们的走廊很长，而且相对安全，因为我一伸胳膊就能碰到墙壁，如果什么时候我摇晃了，就可以扶着墙不让自己摔倒。今天马克陪我一起去散步，庆祝我一个人的“单飞”：虽然我走路时要很小心，步伐也很缓慢，但令人激动的是，我完全靠自己一个人走完了这段路程。

带着成功的喜悦，我们钻进车里，去参加尼克的派对。在那里，我们四处找人聊天，大吃各种墨西哥美食——这些都是莉迪亚的男朋友准备的。我们一小伙人聚到客厅里，吹蜡烛，吃巧克力蛋糕。之后真正的庆祝仪式开始了。

尼克是个诗歌爱好者，他早就要求大家写一些有新意的东西，带到他的生日会上来朗读。他的家人们读了一些有趣、新颖的小诗来为尼克庆祝。他的两个表亲不但为他写了诗，甚至还配上了音乐和舞蹈。还有些亲戚住在别的州，因为距离太远无法前来祝贺，特意写了几首打油诗发给莉迪亚，让她代为朗诵。就这样过了一会儿，该我上去读了。我尴尬得要死，因为我当时没听明白，不知道今天朗诵的所有作品都应该是为尼克而写的。事实上，我的作品看起来一点也不适合今天这种场合。大家都用期待的眼神看着我和我手中的稿纸。

该死，我懊恼极了。或许我可以装作很不舒服的样子，那样他们就会放过我，不让我读了。可是我又告诉自己，你应该走到前面把你的作品读出来，这是你给尼克的礼物，虽然这文章和他无关。这是一首赞美生态环境的颂歌，当年我在加州北部的俄罗斯河（*Russian River*）边创作了这篇文章。

“对不起，”我对派对的男主角和在场的所有人说，“我实在不会写诗，只带了一篇很久以前写的散文过来。”

“太好了，”尼克说，“念给我们听听吧！”

我的心怦怦直跳，喉咙也发不出声音。我讨厌在大庭广众之下大声朗读，尤其是要朗读我自己的作品。我深呼吸，试着让自己平静下来。一开始我的声音还有些颤抖，可过了一会儿就好多了；读到一半的时候，我早就忘记了这篇文章根本和今天无关的事了：

> 我用双肘支撑着身体，半躺在河边。我闭上眼睛沉思：对于我们，这条河流到底了解些什么？我敢打赌，它一定见证了我们生命中很多重要的时刻——比我们想象得还要多。你在上游的桥上邂逅了现在的丈夫，而我敢说这条河流肯定还记得那天你扎在头上的汗带；你们全家经常会到河北岸的大橡树下野餐，这河流或许能告诉你，你祖母做的美味苹果派里到底用了哪些材料；我还敢打赌，这条河甚至都知道你在跟爸爸到小店买啤酒或烟时，趁收银员不注意偷了一块泡泡糖——那时你穿了一套有黄、黑色圆点的泳衣，屁股上还有一圈荷叶边。你光着脚丫，脚趾缝里还沾着河里的泥沙……
>
> 我在河边疗伤，让河水带走我的忧愁。我告诉自己，这河流是个多么完美的伙伴啊！它一直在倾听，却不会评价；它明理，却从不说教——它拥抱我们，接受我们的一切。它一直在提醒我们，当生命化作尘土，天堂的光辉再次照耀我们时，它依旧会在这里——生生不息，唱着我们的歌。

文章结束了。屋子里很静。

“哇哦！真是太美了！”在几秒钟的沉默之后，尼克这样说道。

“我真不知道你这么擅长写作。我一直都只知道你是个企业顾问，没想到你还是位作家！”这是莉迪亚的话。

“我是企业顾问，但也是个作家。”这句话一直在我脑海里回响着。之前，我从来没有那样定义过自己。我转向尼克，微笑着说：“生日快乐。谢谢你让我参加这项有趣的活动。”

我突然觉得未来充满了无限的可能，不由得想起姆巴利的一句话：**想要让你的人生更加丰富，最好的办法就是让自己一直保持一种付出和感恩的状态。**过去我或许曾期望自己有个好身体，可从来都不敢想象自己会是个作家。直到此刻，我终于有了勇气——我，就是个作家！

29 Gifts for Perfect Life

第13章

小付出，大回报

3月31日 星期一

哪怕最微不足道的付出，都能让周围的人感受到你的善意，能让朋友以各自不同的方式回馈社会，对我来说是一件开心的事。

马克要去参加一场汽车广告的甄选，现在他正在自己的办公室里录音。我把头探进他的房间，打断了他的工作："马克！我已经和四个客户签订咨询合同了！还有另外一个客户想购买一份8小时的套餐服务！"

也就是说，我四月份会有2700美元的收入。而且那个市场顾问的工作下个月也要开始了，我每月还能拿到3000美元的工资。其实我也没做什么，只是把我的个人网站更新了一下，告诉大家我又开始工作了。我不奢望短时间内就能接到很多工作，不过让我感到欣慰的是，我们很快就能开始还父亲的贷款了。

"祝贺你，亲爱的！"说着马克握紧了我的手，"我们应该庆祝一下！出去吃个早餐吧。"

我兴冲冲地往外走，根本没想拿手杖，可是马克阻止了我。

"去咖啡馆要走好几个街区呢，"他说，"万一你走不回来，我可不想背着你走那么远。不要太过自信了，不拿手杖去离家那么远的地方怎么能行呢？"

我现实的丈夫啊！我极不情愿地答应着，回去取了手杖。

在餐馆里，马克埋头享用着他的黄油煎饼和果汁，我则吃了一份菠菜炒蛋。我们一边吃一边聊，说着说着就回到了当年我们想要个孩子的时候。

订婚之后，我和马克打算要个孩子，因为我们不想再等了。甚至在我生病之后的头一年里，我还在想方设法让自己怀孕。后来医生坚持让我注射免疫抑制药物，我同意了，也就此放弃了怀孕的打算。也许我本应该停止用药——相比之下这种冒险很不值得——接着尝试要个属于自己的孩子。其实药物只是原因之一，尽管我们非常想要个孩子，但是却一直在纠结，如果有了孩子，他/她会不会又成为马克肩上一个沉重的负担呢？

当然现在不是找原因的时候，能够心平气和地聊聊天，不让我们的对话演变成一场争吵也是件不错的事。

我们手牵着手走回家。过一会儿我们旧金山的朋友梅根和JJ要来看我们，所以我小睡了两小时，之后起来洗了个澡，换了身衣服。

梅根和JJ按响了门铃，马克去把他们请了进来。我们带着他们俩参观了一下我们的房子。他们都说这房子很宽敞，有很旧金山的感觉。

“正是因为这样我们才决定住在这里的，”马克说，“在旧金山住了那么久，只有这间房才让我有家的感觉。”没多久JJ就和马克就音乐方面展开了一场深入的“探讨”。当他们还在为老邦乔维乐队（*old Bon Jovi*）和披头士到底哪个更优秀而争论不休时，我和梅根聊了起来。梅根既是我的朋友，也是我的客户，于是我们就开始聊她的生意。

“你知道吗凯米，最近我的生意好得不得了，”她满足地对我说，“我刚签了租赁合同，准备换个办公室呢。”

过了一会儿，马克要出去参加甄试，我就和梅根还有JJ跟他一起出了门，我们要去吃顿迟到的午餐。

梅根开车绕了很久才找到停车的地方。我本能地从钱包里抠出5个25分的硬币投进收费机里。

“这是我今天的礼物。”我告诉梅根——之前我曾发邮件给29个朋友，邀请他们加入“29份礼物”的付出实践，梅根就是其中之一。

我们去梅尔罗斯大道（*Melrose Ave*）上的一家Urth Café吃了顿饭，接着就直奔“菩提树”（*Bohdi Tree*），那是一家纯哲学书店，是梅根介绍给我的。我很喜欢这家书屋，喜欢它里面丰富的精神文学作品，还有那些别致的摆设。我和梅根都酷爱那些被我们戏称为“自助”的东西，所以我们总会把一些自己感兴趣的东西介绍给对方。我在二手图书区逗留了很长时间，最后买了一本叫做《付出的勇气》的书。我喜欢这个标题，甚至连书的背面都没有看一下就把它买下了。

在外面待了几小时，我有些累了；梅根和JJ也要赶飞机回去。于是他们开车把我送回家，我们在门口拥抱道别。我刚把门关上，就有人来敲门，居然是梅根。

“我差点把这个忘了。”她一边说一边拿出一张300美元的支票递给我。这是未付余额的一部分，欠了几个月了，每次她一有钱就会付给我一些。

“谢谢！”我说，“我现在真的很需要钱。”

她笑了：“那么我很高兴能帮到你。”我们再次拥抱、说再见，然后她跑着回到车上，离开了。

我在沙发上坐下来，开始读那本《付出的勇气》。让我备感意外的是，这本书的作者，洁姬·沃尔德曼女士，也是一位多发性硬化症患者，而且她也是通过付出才让自己摆脱了病痛的折磨。她就不同的话题出版了一系列书籍，每本书里都收录了30篇随笔，讲述人们用各种不同的方式回馈社会的故事。

我又开始思考自己的付出计划了。很快我就能看到伊芙为我们的活动设计的网站，能够让朋友们一起参与进来真是件开心的事。我沉浸在畅想之中，期待着下一个契机。

29 Gifts for Perfect Life

第14章

姆巴利的占卜

4月1日 星期二

我希望能找到一种新的方式，让我在有爱、有希望、有信念的状态中与人交流。姆巴利的占卜打通了我头脑中的栓塞，我向他倾诉内心最真实的欲望和最深刻的恐惧。这让我的生活发生了巨大的变化，不管未来发生什么，我都会沉着自信。

我刚开始跟随姆巴利学习的时候，她就建议我在家里布置一些神坛——一个可以向我的祖先，还有那些将我们连结起来的伟大神灵们敬献祭品的朝拜之地。所以现在，我们家里到处都是小小的神坛。我在一个最近刚刚布置好的神坛前面停了下来，它就在我的书橱上面。我在一个架子上放了三张照片，其中一张是我的外祖母的，另外两张分别是我的祖父和外祖父，他们都在我二十几岁的时候去世了。这里没有我还在世的祖母的照片，因为姆巴利一再向我强调，不能把活着的人的照片放到祖先的神坛上。我还在那上面放了两只用旧衣服碎片手工缝制的泰迪熊，制作这两只小熊的碎布全都是从我祖父母和外祖父母的旧衣服上拆下来的。上面还有一些我这些年捡到的贝壳和小石子；一尊湿婆雕像——他是印度教的转化之神；一大块玫瑰色的水晶，这是几年前，内布拉斯加州的一位灵气（*Reiki*）大师送给我的；还有一根豪猪刺，我第一次到姆巴利那里占卜时，她把这个送给了我。

我拿起那根带着灰白条纹的豪猪刺，回忆着那次占卜时的情形，不由自主地笑了。那天我和姆巴利面对面坐在她奥克兰家中的地板上。我们俩之间铺了一大块布，上面画了很多奇怪的符号。她在这块布的正中间放了一小堆石块、贝壳和骨头。占卜一开始，你要先向自己的祖先提出一个问题。你可以向祖先询问一些让你十分困惑或纠结的事，让他们为你指明方向。姆巴利用子安贝壳进行占卜，其实这就是一种海蜗牛的甲壳，上面涂了些发亮的东西。在贝壳下面有一个很窄的像裂缝一样的开口。

“今天你的问题是什么？”姆巴利问我。我调整了一下姿势，把腿盘起来坐在地上，这样更舒服一点。

“这段时间我一直觉得自己缺乏创造力，一点灵感也没有。我觉得这种情况应该和我的病有关系。”

“好的，那么你的问题是什么呢？”

“我也不太确定。我想知道我如何才能重新开始文学创作。”

姆巴利看着我，一阵会心的笑声从她丰满的嘴唇里传了出来。在占卜时，想要把自己的问题表达清楚是件很困难的事情。“那么，你的问题就是：‘你怎样才能够重新开始写作’，对吗？记住，问题越具体越好。”

“不，不全是。很多年来我一直都在痛苦中写作。我曾在网上发表文章，有好多人都在线追看我的故事。其实我主要就是写一些我过去的悲惨经历，还有后来同抑郁症、不良嗜好、饮食失调作斗争的事情。”将这些都说出来能帮我更清晰地定义自己的问题，还能让我确定我到底想要弄清楚什么。

“那时写作对我来说就像是一种治疗，”我接着说，“这样的创作一直持续了几年的时间，加上那段时间我做了不少心理咨询，还戒掉了不良嗜好，我感到自己非常健康，也很快乐，那种感觉真是太好了。可是在这种健康的状态下，我却不知道该如何去写作了，所以我就停了下来。我觉得没了立场，失去了自己的风格。我不知道该写些什么。”

“嗯——我们更加了解对方了。”姆巴利说。她用她那双棕色的眼睛紧盯着我忧郁的双眼。“那么你是想知道，你如何才能找到一种新的表达方式吗？”

“是的。我怎样才能找到一种新的方式，让我在有爱、有希望、有信念的状态中与人交流？”

“那么我们就开始吧。这个问题问得很好，很具体。那你为什么想要知道这个答案呢？”她轻轻地问。

我犹豫了。我无法给出答案。在一段长时间的停顿之后，姆巴利问我：“你和痛苦脱离关系了吗？”

答案就是这个！我只是无法像她那样对自己说出这句话。“是的，”我点了点头，“我想忘掉那些痛苦的经历，但是却又怀念那种让我不停写作的创作本能。”

“好的。现在用手把这块布中间的东西摊开，同时把你的问题也说出来。”

我把手伸向她面前的那一小堆东西，开始一圈一圈地把它们摊开，几秒钟之后，我的问题也开始在房间里回响——我怎样才能找到新的表达方式，让我在有爱、有希望、有信念的状态中与人交流？

姆巴利指向一块红色的石头，它正躺在一小块骨头和一块闪闪发光的粉红色水晶之间。

“这是谁？”她一边问一边把三个子安贝壳扔到右脚边，“这块红色的石头代表了你的一位男性祖先，他来这里为你指点迷津。你知道他是谁吗？”

“可能是我的外祖父——我妈妈的父亲，威廉。”我猜测着。

姆巴利又把贝壳扔了下去：“不，贝壳说他不是威廉。”

“嗯……可能是我爸爸的父亲，我的祖父弗洛德。”

贝壳又落在我俩之间的布上，姆巴利同意地点点头：“是弗洛德。”我的猜测得到了她的确认。

姆巴利跟我说，她从祖父那里得到了一个信息，说是现在很安全，是时候让我回到我的身体里去了。“你无法在脱离实体的状态下写作。”她告诉我。

“我不太明白你的话。”我迷惑地说。

“目前，你缺乏同‘自己’的交流。你不允许‘自己’感受你的情绪，也不让‘自己’克服你的恐惧，你一直都在否定‘自己’。但是，你那些有创造力的表达全部都来源于你和‘自己’之间的关系。现在，你应该去培养这种关系了。”

这是真的。“弗洛德，我的爷爷，是一个农民。他知道如何培育一些东西，并且让它们慢慢成长。”我告诉她。

姆巴利建议我到大自然当中去种下一些种子，它们象征了我的创造力。“让大地培育你的表达方式吧。”她的建议饱含着智慧，也饱含着对我的怜悯。

姆巴利还说，很快我就会和马克搬到加利福尼亚南部，并且在那里安家。而且她还预言我一定会为这次搬迁感到不愉快，但我还是得接受这个决定，因为我还没有找到真正的家园。那时，我觉得这个说法真的很疯狂，我可从来都没想过要往南搬。可是现在，我就站在洛杉矶的新家里面。而现在我手里拿的这跟豪猪刺在那次占卜时曾经三次从姆巴利的头上滑落。每次它掉下来时，姆巴利都会把它捡起来，重新插到头顶的蓝色包布后面。可是它又第四次掉了下来，这次她捡起豪猪刺，直接把它递给了我。

“祖先们明确告诉我，要我把它送给你，你要好好保管它呀。这是我的一位老师送给我的，很特别。”

我从她手里接过这跟光滑的长刺，向她点头致谢。

那天我们谈论了很多事情。话题从一个具体的问题开始，不知不觉就谈到了我对父亲、我的疾病和我年轻时受到的一些挫折的看法。**姆巴利用她的直觉和她的人生指导将我送上了希望之路，让我相信我能够在这种困境中找到一条出路。**

在回家的路上，我在一个园艺店门前停了下来。我买了一些太阳花种子，将它们种在我们房子旁边的一块空地上。我把种子埋到地里，用手将上面的土拍实。我在心里默默地祈求上苍：请帮助我找到一种新的表达方式，让我在有爱，有希望，有信念的状态下与人交流。

之后我就开始睡觉，一下子睡了13个小时。醒来时，我打开一个日记本，写出了将近两年来的第一个故事。没什么意外，这故事是关于我爷爷的。

第一次占卜好像把我脑子里的栓塞一下子打通了。在接下来的九个月里，我记了满满两本的日记。每个月我还会去姆巴利组织的一个治疗小组里参加活动。同一个声音将我们这些女人聚集在一起，我们一起欢笑，一起哭泣；一起跳，一起唱。我们在一起冥想，还会一起制作一些面具、药袋和护身符。我们到大自然当中去举行各种仪式，互相倾诉内心最真实的欲望和最深刻的恐惧。

我们中很多人的生活都发生了巨大的变化。一位女士辞掉了她的工作，去追寻自己的梦想；一位女士离开了她并不幸福的婚姻；还有一位女士决定独自一人徒步去南美旅行。而我也在某种程度上与自己的病症休战了，开始接受它给我的生活带来的变化——比如搬家到洛杉矶。我一直写一直写，故事、诗歌，各种积压的文字就像雪崩一样从我的笔端翻滚出来。

而几个月之后，我就站在了现在这个地方。不管未来会发生什么，我都会沉着自信。我对自己喊出今天的口号：今天我要快乐地付出，然后再给自己一个靓丽的微笑。

今天我觉得很有力气，走路快了许多，也不那么摇晃了。所以，我就绕着我们的街区走了5圈，而且还没拿手杖。就连家里那段倾斜的楼梯也吓不倒我了。

我走进厨房，开始清洗那满满一水池的餐具。我一边轻轻哼着小调，一边冲洗着那一大堆盘子，这是我给马克的礼物。他今天去为广告录音了。这几个月，我一直都没有为家里做过什么，既然我有力气了，那就做点我能做的事情吧。

没用多久，所有的餐具都到架子上吹风了。我走到电脑前坐下来，总结一下我前些天送出去的礼物。然后查看一下我为艾莉制作的文件，她是我的朋友，也是我的客户，明天下午她会到我这儿来拜访。我大概记下一些要和她分享的建议和主张，之后就起身为晚餐准备沙拉。

马克回到家里，看到做好的食物和干净的厨房惊讶得不得了。他开玩笑说："你一定是感觉好多了，要不然你是不会煮饭的。"我们坐在餐厅里，一起享用我的劳动成果。

"做沙拉还算不上是真正的'煮饭'。"我提醒他说。

"你看沙拉里还有鸡肉呢，这肯定是煮熟的吧。"

"那是你前几天做的东西里面剩下的。"

"那这些甜菜呢？它们总归是熟的吧？"

“我是把它们放在开水里烫了一下。严格来说应该是熟的了。”

“那就可以了呀，这东西真好吃！”马克说道。

“我想为你做点事情，让你高兴。谢谢你为我所做的一切。”

“那是什么意思？”他居然还有些迷惑了。

“上帝呀，马克，意思就是所有的事啊！打扫、洗衣服、无数次开车送我去看医生，我真的非常感激你。”

“我是你的丈夫啊，”马克说，“如果换作是我生病的话，你也会这样照顾我的。”

“亲爱的，我不能确定如果是你生病我会怎么样。我不知道我会不会像你对我这样来对待你。”

“你是个好人，凯米，你会像我这样做的。如果某一天我需要你的帮助，你一定会在我身边陪伴我的。”

马克握住我的手，亲吻着我每一根手指：“今天我对你说过‘我爱你’了吗？”

“不，没有，”我戏弄着他，“实际上，这是我们今天第一次看见对方。”

“好，我说。我爱你，不管你有没有煮那些甜菜我都爱你，宝贝。”

“我也爱你。”

29 Gifts for Perfect Life

第15章

丢失的手杖

4月2日 星期三

我感受到了这几个月来都不曾享受过的简单的快乐。我想我可能永远都无法摆脱多发性硬化症了，可是我会学着远离它，就像远离了手杖那样，不会让它破坏我的快乐。

看着艾莉穿着名牌高跟鞋，咔嗒咔嗒地踩着我家的楼梯，一步步朝我走来，我在心中默默地感谢着。她是我重新开始工作后的第一个客户，和这个被我称做“爆竹艾莉”的女人一起开始我的“回归”之旅是我最好的选择。只要她一走进房间，你就会不由自主地去注意她——她金发碧眼，身材丰满，而且还很有头脑。

“可爱的凯米，能见到你真是太好了。”艾莉激动地叫着，给了我一个热烈的拥抱。她的头发触到我脸上，很痒，我禁不住要挣脱出来。能够再见久违了的旧金山的老朋友真让人开心。

艾莉正准备重组她那家专为女性创业提供服务的咨询公司。今天我们要一起为她的新企业想些好点子。不过在这之前，我们决定先去附近的餐馆吃顿工作餐。

我们都换上了运动鞋。我牢记马克的建议，去一个角落里拿手杖——我经常把它放在那儿。可是这次，手杖却不在那里。我里里外外挨个房间寻找着，可是都不见它的踪影，我开始有些担心了。我打电话给马克（*他外出去参加试音*），他说他已经有两天的时间都没看到我的手杖了，不过不是从星期一开始的，因为那天早晨我们一起出去吃饭的时候它还在呢。我回忆着过去的几天，突然意识到星期一之后我再也没用过手杖。我记得那天早上出去吃饭的时候还带着它，而且我很肯定我和梅根、JJ一起吃饭、逛书店的时候都拿着手杖。我查询了电话号码，打电话到那些地方去询问，有没有人捡到一根装饰得很漂亮的手杖，而且上面还贴着一句“故事之外也有奇遇”。结果毫无收获。

“真糟糕！”我对艾莉说。她已经在我们餐厅的椅子上坐了半天了，一直看着我在发疯般地寻找。“我星期一那天把手杖落在某个地方了。”

“一根手杖？”她的反应很平淡。

“不，不是一般的手杖，我很需要它。而且那是我为自己特制的东西。它是独一无二的，它看上去酷毙了。我再也没法复制出它的样子了。”

艾莉的脸上流露出一种困惑的表情：“你是在谈论一根手杖还是一个限量版的铂金包（*Birkin bag*）啊？丫头，我觉得它的消失就是个信号，说明你不再需要它。看看你自己，你现在走得多好啊。”

“现在是很好，可是有些时候我还是会走不稳的。我敢打赌一定是有人捡到了它，偷偷地把它送给他的老埃斯特姑妈了（*aunt Esther，美国电视剧《桑福德和儿子》中的一个角色，代表低收入者*）。

“是——那是因为老埃斯特姑妈需要那该死的手杖，而你不需要它。”

听了这话，我被逗得哈哈大笑。

“也许你是对的，”我无奈地叹了口气，“我们走吧。如果我没力气了，就到哪个药店或者杂货铺买一根便宜的凑合一下。”

“这就对了！”说着艾莉挽起我的胳膊，我们一起走下楼梯，走出房门。

“洛杉矶有什么不同的吗？”我们沿着日落大道走了三个街区，之后她突然这样问我，“你看这里每条街上都有一家甜品店，可为什么这里每个人都跟瘦猴儿似的？那些甜品都被谁吃了？”

“说不定那些小店只是个招牌，实质上却是毒贩洗钱的工具呢。”

我和艾莉认识两年了，一开始我们只是同事关系，后来成了很要好的朋友。我问她最近有没有新的约会对象，她告诉我她正准备下个周末去和一个男人见第一面。她跟我讲了很多关于这个人的事情，还从包里掏出她的黑莓手机，把那个男人的照片给我看。

“块头很大吧？他有6英尺3寸高（约190cm）。还有你看看，他甚至都没有脱发的迹象。”

“嗯，块头是够大的。不过你真的不应该拒绝谢顶的男人。你看马克也在脱发，可是我觉得他还是那么性感。”

“相信我，有头发绝对不是我的硬性要求，”艾莉一边说一边把手机扔回包里，“这只能说是一种不错的福利吧。”

我们一路聊着、笑着，不知不觉已经从星光大道（*Walk of Fame*）走到了好莱坞大道和高地街（*Highland Ave*）这里。最后我们找了家小比萨店，坐了下来。

“那么你想先从哪方面着手呢？”我问艾莉。服务生已经为我们送来了一份乳酪比萨和沙拉。

她拿出一张纸，打开之后递给我：“看看这个。”

这张纸上勾画了很多小符号，分别向四个不同的方向发散。这上面有小小的火柴人、美元符号、箭头、握手图案，还有至少40种其他的图案。绘画水平和我9岁的侄子差不多。

“这到底是什么东西啊？”我问。

“这是我在新的营销计划中所使用的工具。这四个方向分别代表四种主要的广告渠道——面对面推销、网络推广、文字宣传和优惠促销。而每个符号则代表了这些渠道内一种具体的手段。你看，这个小图标就代表电子邮件；这个信封代表直接的信件邮寄；旁边画了一个说话框的小人则代表了一种‘口碑营销’的宣传策略。”

我的迷惑变成了钦佩。“当我通过这些方法寻找到一个客户之后，”她吞了颗小番茄接着对我说，“我就会向她们提出一系列问题，帮他们确定要把力量放在哪里，主要用哪种渠道进行销售，之后再帮她们选择合适的手段和策略。我会用最简单的措辞，最平实的语言来向她们介绍我的方法。”

“高明！”我赞叹道。

“谢谢。我正筹划着用一种新的方式来包装我的服务，重塑我们的品牌形象。我做创业咨询这一行也有几年了，以我的经验看来，大多数客户都需要让事情超简单化。他们听不懂那些深奥的营销术语，所以我打算不再用那种语言同他们交流。”

我也有同感。大多数创业者更喜欢让事情简单明了。于是我向她提议：“你应该把这叫做‘火柴人营销计划’（*Stick Figure Marketing Plan*）。”

“哦，上帝！简直太完美了。”艾莉赶忙把这个名字写在那张纸上面，“好了，这个问题已经解决了。现在我们讨论一下我的整个经营模式吧。”

我们吃了顿愉快而又富有成效的午餐，艾莉付的账。在回去的路上，我们评论着洛杉矶和旧金山是多么的不同。要是有哪个女人摇晃着从我们身边经过，我们还会去看看她穿的是哪个牌子的高跟鞋。我和艾莉都是购鞋狂，只不过多发性硬化症剥夺了我穿高跟鞋的权利。那些日子，只要一穿上高跟鞋，我立马就会坐到地上。现在我只能通过艾莉这样的女性朋友间接地体会一下穿高跟鞋的感受。

虽然刚刚发现手杖不见时我有些恐慌，可是现在我一点也不怀念它。事实上，艾莉在这儿的两天里，我再也没有想起过它。

我们又用了两小时一起讨论要对她的经营模式作哪些调整。可以说我们取得了很大的进步。欣喜之下，我们决定到我家附近街角处的“格蕾丝治疗中心”（*Grace Healing Center*）去做个按摩。我帮艾莉付了按摩费，算是我今天的礼物。

晚上我们一起做饭——一顿简单的咖喱扁豆饭只用了不到半小时的时间。马克回到家，看着盘子里热腾腾的食物，惊喜得差点晕倒。我在工作，我在做一些日常的家务，我还在坚持每天都出去散步。过去几个星期里所取得的进步如此巨大，好得让人难以相信。

明天我会和艾莉把剩下的工作完成，接下来最主要的任务就是去逛逛梅尔罗斯大道上的时装店，为艾莉和那个大块头男人的初次约会挑选一身可爱点的装备。这可能算不上什么大事，可这几个月来我都不曾享受过这种简单的快乐。或许我永远都无法摆脱多发性硬化症了，可是我会学着远离它，像这样出去走走，不让它破坏我的快乐。

第16章 情书

4月3日 星期四

关爱别人的同时，更要关爱自己，如果一个人对自己都不好，怎么会有精力对别人好呢？

我迷迷糊糊地走进办公室，想看看艾莉起床了没有。可是一进门却发现艾莉不但起了床，而且已经抱着电脑开始工作了。“我看了你给我的那份品牌平台工作表，我想我已经在酝酿一些很不错的想法了。”看到我进门，艾莉说。

我很不好意思地说道：“你这家伙，我知道你是只早起的鸟儿，可是看起来你已经工作半天了，我却没帮上你什么。”

“是的。五点的时候我就醒了，反正也是睡不着，索性就起来看看东西。为什么要等呢？”

“天哪！你都起来两个半小时了！你现在一定饿了吧？”

我们在厨房里大声地聊着天，用很快的速度结束了早餐，之后就把自己关进办公室，开始工作。仅仅用了三个小时，我们就为她的公司敲定了一套全新的品牌战略，还想了很多很好的名字和宣传语。我们最喜欢的一句是：选择网络，选择成功（*YES Network*：*You Equal Success*）。不过现在还没完全定下来用这句，我们打算先用几周时间仔细推敲一下再说。艾莉的新公司正式成立并投入运转还得要几个月的时间。她和她的合伙人准备把新公司命名为“奇谋网络（*Hatch Notwork*）”，专门为全国各地的女性创业者提供资源和培训。

工作终于完成了，光笔记就记了几大页。这次的收获还真不小。我带艾莉出去喝了个咖啡以示庆祝，也算是我今天的礼物。

“我们开始逛街吧！”一走出咖啡店我就开心地大叫起来。能像这样走出家门，做点正常人该做的事，感觉真是太好了。以前，我一直觉得和闺蜜逛逛街、买买东西，是再正常不过的事情，根本不值得一提，可是从现在开始我再也不会这么想了。

艾莉把我拉进一家叫做“时装模特”的小时装店，她曾在《好莱坞女孩》（*The Hills*）里看到过这家店。同样喜欢现实题材电视剧的我们，都不愿放弃这次“实地考察”的好机会。我看着艾莉不厌其烦地为她即将到来的约会试了一件又一件衣服，不时还会给她些建议。最后，她终于看中了一条性感的黑色小裙子，还有一件淡金色的衬衫，用她的话说，这衬衫搭配牛仔裤一定很好看。她还不知道他们俩会去哪里约会，所以就准备了休闲和裙装两套方案。她付钱买下了这两件衣服，之后突然转过头来看着我。在对我那身可怜的装束上下打量了一番之后，她大叫着说：“凯米，你这裤子也太大了。你怎么会把它套在腿上呢？一点都不合身。”

“我知道。可我只有这一条牛仔裤，这几个月我瘦了20磅，裤子一下子就变大了。”

“天哪，真倒霉，我要是能不费力气就瘦下20磅该有多好啊！”我有些不自然，如果说这话的不是艾莉，我肯定会为这句没心没肺的评论大发雷霆。可是我没有这样做，我努力挤出一个微笑。

“相信我，”我要更正她的想法，“你一定不会想尝试我所经历的那些事情。我真想把那20磅长回来，再把过去几个月的经历都抹掉。”

“对不起，你说得对，”她讨好地说，“不过我们还是得给你选几条合身的裤子，你现在的裤子也太肥了。”艾莉叫来店员，她们从架子上扯下一条又一条的裤子，然后把我推进试衣间，把那一大堆裤子都塞给我，坚持让我把所有裤子都试一遍，还要出来让她们瞧瞧。她们还翻出了不少上衣，也一起扔给我，因为艾莉认为我身上这件让人讨厌的绿色T恤一点也不配我。

45分钟过去了，我拎着两条牛仔裤、两件T恤离开了那家店，全部都是折扣价，我用信用卡付的钱。虽然我知道过几天艾莉会给我一张支票，但是还是觉得不应该花这么多钱给自己买衣服，心里有种负罪感。我有些担心，要是马克看到这些会怎么想呢?

“不要烦恼了，老姐，”艾莉告诉我，“就把这看做是你今天送给自己的礼物吧。”她知道我的付出实践，而且还答应了要尝试一下。

“我不知道送礼物给自己算不算数。”我对她说，“而且你知道吗，今天是我和马克结婚两周年纪念日，我真的应该给马克买个礼物的。”

“送礼物给自己当然算了！”艾莉大声说，**“如果你对自己都不好，怎么会有精力去对别人好呢。”**

她的话也挺有道理的，于是我安下心来，决定把这些衣服当做送给自己的礼物。在回去的路上，我们又沿着梅尔罗斯大道逛了几家男装店，可是却没找到一件马克会喜欢的东西。他在穿衣这方面真的很挑剔，所以有时我很怕帮他选衣服。

虽然我努力过很多次，可是一直也没有说服马克，让他也参加到这场付出挑战中来，和大家一起分享他的付出故事。他觉得为别人做点小事就拿出来“显摆”是件很没意思的事，一点也不酷。我告诉他，我之所以会把我的付出故事写出来，是希望启发更多人，让更多人都来付出，我并不是想要拿来吹嘘、显摆。而且这样还能让大家一起讨论该送些什么给别人。他答应会考虑一下，可我不知道他会不会同意。

艾莉开车把我送回家，接着又急匆匆地离开，去赶回旧金山的飞机。能够和这样一位热情开朗的朋友共度一段时光，而且还一起解决了很多问题，真是令人愉快的事情。

我走上楼，将我和马克的一些照片剪贴起来做成一张漂亮的卡片。接着又给他写了一封情书——他很喜欢这种东西。幸运的是，我抽屉里正巧还有一张iTunes（*苹果公司一种音乐软件*）的充值卡，这是很久之前一个客户送给我的，我把它放在抽屉里一直都没想起来。马克是个超级音乐迷，那么就让他在这个特别的日子里给自己选几首喜欢的歌吧。

我和马克交换了礼物，吃着外卖的中国菜，喝着喷香的苹果酒，为我们生活中各种积极的变化而庆祝。我想起了马克向我求婚时的情景。那天他很早就起床做好了丰盛的早餐。我们一起来到餐厅，我穿着一件旧法兰绒睡衣坐在桌边，看着他神秘兮兮地端起一个盘子，把上面的盖子掀开，然后……什么都没有。

“哦，该死，”他说，“真不敢相信，我会把这搞得一团糟。”他把手伸进裤子后面的口袋，紧张地摸索着。这时盘子掉在地上，摔碎了。

“我忘记把它放进盘子里了，我太紧张了。”他害羞地说着，从身后拿出一个小小的戒指盒，单膝跪在我面前，掏出一封情书开始读给我听。之后，他问我愿不愿意做他的妻子。其实，他的情书才念了三个字我就开始流泪了。当他向我求婚之后，我伸开双臂抱住了他，像个孩子一样大哭起来。

在我们的第二个纪念日里，我和他一起回忆了刚恋爱的那段时光，又读了一遍婚礼前夜写给对方的情书。我再一次对自己说：我是如此幸运，能够找到这样一个男人，和他共度一生。

第17章

付出的欣喜

4月4日 星期五

如果你能每天都用心付出，就不会让自己有“缺乏”的感觉。我开始试着付出那些我觉得自己不可缺少的东西，生活也带给了我令人欣喜的变化。

姆巴利曾对我说过，**“任何形式的付出都会开始一段变化的历程。请记住我们都是一个更广阔天地中的一部分。”**这让我想起了一些在这段时间内不曾考虑过的事情。“如果……”她建议我说，“你能付出一些你觉得自己不可缺少的东西，那会怎么样呢？”

尽管昨天购物时我放纵了一下，可是钱对于我来说仍是非常重要的东西，我离不开它——这个我应该早就知道。虽然我一直会得到自己需要的钱来维持我的生活，但是在很多时候，我仍会陷入一种“缺钱”的状态之中。尤其是最近，当每个月那一大堆账单摆在我们面前的桌子上时，旧债未偿新债又至，那些阴森恐怖的账单更让我觉得我的钱不够花，我需要钱……姆巴利说，如果你能每天用心付出，就不会让自己有“缺乏”的感觉。

所以今天我决定要有所突破。为什么不现在就和它分离？一百块怎么样？

我决定要送出这个数目——100是个很圆满的数字，而且只有这个数目才够买些什么——即便是我们现在不能缺少这笔钱。毫无疑问，100元可以让我们付清几张账单；虽然我会从艾莉那里收到一张支票，可是这相对于我们那5位数的欠款来说，无异于杯水车薪。虽然这些钱是向爸爸借的，我们已经用他的钱还清了大部分的信用卡欠款和医疗费用，可是我还是想尽快把欠他的钱还掉。

我深吸一口气，下定决心给伊芙写了张支票，资助她的南非义务教学之旅。我曾帮她修改筹款信，我也从信里了解到那个国家的人民是多么地需要知识和教育。伊芙将会同那里的青少年呆在一起，教给他们一些科学技能，还会在很多方面给他们一些指导。我签上自己的名字，把支票寄了出去，这种感觉真好。我没有把钱捐给世界教学组织（*Worldteach，是这个非营利组织发起的这次活动*），而是直接给了伊芙，因为这样我就不能申请减税，从某种程度上来说，可以让这100美元的礼物看起来更“纯洁”一点。

我登录了“29天付出”的网站，准备把今天的礼物写进我的博客。让我意外的是，马克居然也发表了一篇描写他的付出经历的文章。他一定是录音回来之后偷偷溜进办公室写的。我读着他的故事，为他最终加入我们这场付出行动而感到欣喜。

上周，我去一家演艺公司时遇到了一个女孩子，在和她聊天的时候我提起了保罗·麦卡特尼（*Paul McCartney*），因为自己刚刚在圣莫尼卡遇见了他巡演时的吉他手，布莱恩·雷（*Brian Ray*），这对于我这个披头士/麦卡特尼迷来说，真的是一件大事。而听了这话，女孩高兴地告诉我她看过麦卡特尼1989年的巡演，那是她看过的最棒的演出。我记住了她的话。

我知道自己今天还要去那家公司，看那女孩那么喜欢麦卡

特尼，我就在出发之前很快地刻好了一张CD，把很多麦卡特尼的经典歌曲都放到了里面，取名叫“麦卡特尼之声”（*Acoustic McCartney*）。我走到她的台子前面，对她说：“还记得我们那天关于麦卡特尼的对话吗？”

“哦，记得，”她说，“而且我和我男朋友刚刚把完整的《披头士终极音乐专辑》（*Beatles Anthology*）又看了一遍。”

“很好，”我说，“我给你刻了张CD，你可以在堵车或者工作之余听一听。”

“不可能！”她看着那些歌名，兴奋地说道。

看着她前一秒还在自己的小隔间里昏昏欲睡，下一秒却一下子从椅子上跳起来，查看这张CD里到底有哪些曲目，这感觉真的很棒。我来这里是要办点事情，可是在办事之前先要交20美元的费用。可是她却坚持不收我的钱。

真没想到会这样，我没想要什么折扣。不过我猜想，可能是我记住对话内容，并送了她一张CD的简单行为给她留下一些好印象吧。送出第一份礼物时所产生的互动真的是太酷了。”

我从电脑前站起身，笨拙却又开心地在走廊上蹦跳着。我跳着走过餐厅，来到它旁边的一个小房间门前，马克把这个屋子当做办公室，他现在正在里面录音。我一下子推开门，走上前去吻了他。“谢谢你，亲爱的！”

他什么都没说，只是微微咧开嘴露出他那可爱的傻笑。他知道我为什么会到这儿来。

29 Gifts for Perfect Life

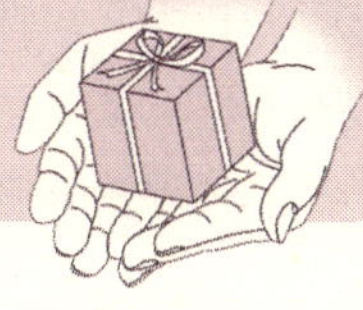

第18章

送给 奶奶的礼物

4月5日 星期六

奶奶曾经带给我许多美好的回忆，我想借由这些礼物告诉她，我对她的爱和感激。我想，奶奶收到礼物的时候，也会和我一样回忆起多年前那些美丽的夏天。

我的祖母还在世，再有7天就是她的86岁生日了。为她挑选礼物是件很容易的事情，因为阿加莎·沃克，我的祖母，一直都是个要求不多的女人。她并不富有，一直都过着简朴的生活，一点也不欣赏那些华而不实的奢侈品。我总会给她买些实用的东西，比如钱夹、理发消费卡什么的。她喜欢那些她能用得着的东西，而不是那些像什么鲜花啊、小摆设啊这类只能看不能用的物件。

沃克祖母一辈子都生活在内布拉斯加州中部。她现在还掌管着祖父留下来的农场。自从12年前祖父去世之后，是祖母一个人将农场经营至今——尽管现在她已经将大部分的田地都租给了一些表亲，让他们在这块土地上播种收割。100多年来，我们的家族一直在这片土地上耕耘着，所以对辛勤劳动和这片土地的尊重是我们家世代相承的传统。小时候，我每年夏天都会到这里来住上一个月，那也是我人生中最快乐的一段日子。

我妈妈的父母，威廉·格里特豪斯和格拉迪斯·格里特豪斯，和祖父祖母住的很近，两家之间只有30分钟的路程。所以，每年夏天我和两个妹妹不是坐在爷爷的绿色福特水星（*Ford Mercury*）里，就是坐在外公的蓝色别克世纪（*Buick Century*）里，在两个小镇之间来来回回。

我妈妈家不是农民。我的外公是一位木匠，只是后来得了风湿性关节炎，不能再工作了。而我的外婆则是位家庭主妇。尽管他们不种庄稼，可他们都是了不起的园艺师。记得小时候，我经常会蹲在他们房子后面，一边拔草，一边偷吃草莓和葡萄。我还喜欢坐在外公的工作间里，看他修理东西，什么半导体收音机了，橡木脚凳了，他都会修。我会站在脚凳上帮外婆准备晚餐，还会用水把西红柿上的泥洗掉，这样每顿饭我们都能吃到新鲜的、切成块的美味西红柿。外婆以前还会经常和我们玩化妆游戏，她允许我们在她的衣柜里乱翻，还会等我们打扮好之后，为我们举行一场选美或者舞蹈比赛。我妈妈家这边人口很少。妈妈姐妹三人，但是一个姨妈在18岁的时候就死于癌症，另外一个姨妈，薇拉，只有两个孩子。所以格里特豪斯家的聚会总是那么祥和，每个人都很亲密，也很温顺、乖巧。

可是爸爸家这边就完全是另外一个样子。爸爸是他们四个兄弟姐妹中最大的，他有一个弟弟，两个妹妹，而且他们四个每人都有三个孩子。沃克家的聚会总是十分喧闹，你想想12个孩子聚到一起会是什么样子。我的堂姐斯塔西是我们这些孩子中年龄最大的，不过我才是这个团体里真正的“老大”，尽管我比她还小了6个月。奶奶总说我是“教唆犯”，因为我总是能想出些鬼主意，最后“带领”大家一起惹上麻烦。有一次我决定要组建一支救火队，于是我们就把地下室里一个很大的纸板箱变成了浴桶，不停地往里面倒水。当奶奶下来查看时，大箱子里已经被我们装了一半的水，而且已经开始裂缝。当然，地下室的地毯遭了殃，都被泡在水里面了。奶奶并没有紧张，我记得她当时想要骂我们，不过话还没出口就开始大笑起来，笑得眼泪都出来了。

还有一次，我把一大罐婴儿爽身粉倒在了奶奶卧室的地板上，然后“倡议”大家举行一场“溜冰”比赛。因为爽身粉的缘故，地板变得特别光滑，我们一大群孩子穿着袜子在上面又滑又跳，足足折腾了四五十分钟。后来奶奶回来了，她猛地打开门，看见我们正在白烟里滚作一团，弄得从头到脚都是爽身粉，连屋子里的家具、地板也无一幸免。

“不把这里打扫干净，你们谁也别想走出这扇门。”奶奶一边责骂着我们，一边用力关上房门，这一次，她没有笑。

我们整整打扫了3小时，才达到奶奶的要求。不过后来她带我们去了“牛奶屋”（*Dairy Barn*），请我们每人吃了一份冰激凌。

今年要送什么生日礼物给她呢？我走在去商店的路上，心里这样想着。去年圣诞节我送了一个钱夹给她，所以今年不能再送了。我在货架之间徘徊着，不知道该买点什么。我来到厨房用品区，在那些花样繁多的擦碗毛巾和锅垫里仔细挑选着。我看到一套很可爱的毛巾和锅垫，上面有几只小公鸡和小母鸡在谷仓地上啄米的图案。这让我想起了小时候在农场里和奶奶一起度过的那些日子。

每次去农场，我最喜欢做的两件事就是帮奶奶做饭，还有跟奶奶一起去鸡舍捡鸡蛋。奶奶每天都要给爷爷和那些雇来的工人们做三顿饭，有时还会有些亲戚过来拜访，也要准备他们的饭，这无疑是个不小的工程。不过对于奶奶来说，一个人做20人份的饭并不是什么稀奇事。我很乐意当奶奶的助手。每天午餐前，我们会把生菜一棵棵撕开，再把胡萝卜切成小块，一起放到她常用的薄荷绿塔珀（*Tupperware*）塑料碗里做成蔬菜沙拉。或者我会给面包涂上黄油，帮她做一大堆火腿三明治。我还会削土豆皮、剥玉米，或者把新鲜的菜豆折断，奶奶会把它们和熏肉一起放在锅里，用慢火煮成美味的汤。

每天早上，奶奶都会牵着我的手，沿着泥土小路走到鸡舍。我们会小心地从鸡窝里捡出满满一篮子鸡蛋。回到家，奶奶会让我把鸡蛋都打到一个大碗里，做成炒鸡蛋。当培根在锅里煎得嗞嗞作响，鸡蛋也散发出阵阵香气，这时我会做一大摞吐司面包，再把它们一片片涂上厚厚的黄油——我们的早餐准备好了。如果够幸运的话，我还有机会跟着爷爷去检查一下灌溉情况、喂喂牛，或者坐在爷爷的拖拉机上一起做些杂活。因为家里的孩子太多，我们只能轮班和爷爷出去。通常，我、堂姐斯塔西，还有我的大妹妹朱莉每周会有几次这样的机会。在回家吃午饭的路上，我们会央求爷爷在谷物升降机前面停下来，因为那里的操作员会送给我们免费的棒棒糖。之后我们还坚持要爷爷从那条我们口中的"过山车"路上开回家，因为那条路上有很多小丘陵，我们坐在车里就像坐在过山车上一样。虽然走那条路会绕很远，可是每次爷爷都会败下阵来，答应我们的请求。我们三个小女孩紧紧地挤在那辆红色福特皮卡车的座位上，打开车窗，激动地跟爷爷一起穿越那些丘陵。

"喂——喂——喂——"我们大声地朝窗外喊着，被太阳晒褪色的金色长发随风飘舞，爷爷总是会被我们逗得哈哈大笑。

奶奶曾带给我那么多美好的回忆，只送一套擦碗毛巾和锅垫看起来十分寒酸。可是我知道，这些东西在她那里一定会得到充分的利用。回到家，我写了一张漂亮的贺卡，告诉奶奶，我是多么爱她、感激她。然后我把礼物用卫生纸裹起来，放到一个盒子里面寄了出去。我微笑地想象着奶奶打开盒子时的情景，她肯定也会和我一样回忆起多年前那些美丽的夏天。

29 Gifts for Perfect Life

第19章

为每一步喝彩

4月6日 星期天

一百级台阶对于常人来说是再简单不过的事情，可对我来说，这意味着我又成功地向前迈出了一步，它带给我的激动和喜悦无与伦比。

我和马克慢慢把车开进悟真寺（*Self-Realization Fellowship Temple*）的停车场。15分钟后，一场冥想仪式会在这座寺庙里举行。这座庙宇美丽得令人炫目：白色的轮廓在太阳的照耀下反射出耀眼的光芒，上面还雕刻了很多精致的图案，很像一个微缩版的泰姬陵。亮蓝色石头和瓷砖将寺庙周围的空地圈了起来，形成一片宽敞的庭院。寺庙里的人们在这里精心种植了色彩缤纷的鲜花，将整座建筑映衬的更加美丽。因为这座寺庙坐落在靠近海滨的一座小山上，所以在去往寺庙前门的路上，偶尔可以看到远处的海洋。

我们同分发活动计划的一位女士聊了起来。她告诉我们，这片土地和这座寺庙都是帕拉玛罕撒·尤伽南达（*Paramahansa Yogananda*）的一位信徒出资兴建的。我听说过尤伽南达的故事，他从印度来到美国，在这里创办了悟真会。我还读过他那本《一个瑜伽行者的自传》（*Autobiography of a Yogi*），一直以来都很想到他的寺庙里去听听他们的教义。一进门，我惊讶地发现寺庙里面的装修极为简单，地上铺了一层蓝色的地毯，一幅尤伽南达的油画肖像高高地悬挂在神坛中央，旁边摆放着黄色和橙色的鲜花。房间里摆满了直背木椅，不过差不多都已经被坐满了。我和马克在中间一排找了两张椅子，坐下来等待仪式的开始。

主持仪式的男人说话声音很轻，我们不得不伸长耳朵仔细地分辨他在说什么。他告诉我们如何才能在纷乱之中找到宁静。之后大家一起静思、冥想。可是我的静思一点也不“静”——我的思维就像一只猴子一样，从一个想法跳到另一个想法，却怎么也逃不出这片不安的丛林：我现在是感觉好多了，可是万一哪天又恶化了怎么办？我应该重新开始练习瑜伽，这次一定要更有规律一些。我真不敢相信，我现在几乎能像正常人一样走路了……

每当我发现自己又在胡思乱想，我就会在头脑当中想象一个金色的能量球，让自己把全部注意力都集中在这个球上面。当20分钟的冥想快要结束时，我的思维最终平静下来，我也终于感受到一点那位主持者所说的“内心的宁静”了。

仪式最后，我和马克将5美元放到了奉献盘里，这是我们今天的礼物。之后我们和其他人一起参加了仪式之后的“友谊茶话会”。我们喝了几杯混合茶，吃了几只咖喱饺和其他一些小点心。我和马克静静地坐在来来往往的聊天者中间，回忆并享受着这次冥想带给我们的启示。

过了几分钟，马克期待地看着我说：“你觉得自己能做到吗？”

“我想能。我们试试看吧。”

马克拉起我的胳膊，我们一起穿过那两扇法式大门，走到外面的空地上。寺庙后面有一个美丽的湖泊，有100级台阶一直延伸到湖边。

“哇！那么多台阶！”马克看了我一眼，“你确定要过去看看吗？”

我现在感觉很舒服，而且自从上周把手杖弄丢之后我再也没想起过它，一直都是靠自己走路。“我能做到。不过我可能会中途停下来休息一会儿。”我下定决心要到湖边走走，不过这还是我第一次要走下这么多台阶。

我慢慢地往下走，右手紧抓着身旁的栏杆，左手拉着马克的胳膊。这一路上我一共停下三次，好让自己保持稳定。不过最终我还是走完了这整整100级台阶。我让自己先感受一下成功的喜悦，不去想我等会儿还要从这里再爬上去——那是一个更加艰巨的任务。

“我做到了！”我对马克说。我们走下最后一个台阶，走到一片倾斜的地面上，在往前一点就是湖边了。

马克露出灿烂的微笑，对我说：“你真了不起！”

他拉着我的手，我们俩朝湖边慢慢走去。这里是我到过的最美丽的地方。湖面上漂浮着碧绿的睡莲和漂亮的荷花。湖周围到处都是绿色植物和色彩艳丽的花朵；在湖边的路上，还建造了五个神殿，分别敬献给这世界上的五种主要宗教：犹太教、印度教、伊斯兰教、佛教和基督教；这里还有一座圣雄甘地的纪念堂，据说他的一部分骨灰就安放在纪念堂的地下室里；天鹅和野鸭畅游在平静的湖面上。我和马克漫步在湖边，看到了一窝小乌龟、几只青蛙，还有一群锦鲤在水中游来游去。我们走到湖对岸，在一个小凉亭里坐下来。我们谁都没有说话，只是手拉手静静地坐在那里。就这样过了一会儿，我转过头，对马克说了声“谢谢”，似乎这话对他说多少次都不够。

“加油吧宝贝，你是最坚强的。”马克说，“而且你还很有决心，虽然有那么点小顽固。我是说，只要你认定了要做什么事，任何东西都阻止不了你。你是不会放弃的。”

我被他的话逗笑了。马克说得对，我的顽固也有点好处。这种性格是爸爸遗传给我的，而且我相信，爸爸是得了奶奶的“真传”。

“现在我们试着走上去吗？”马克站起来，伸出手想要扶我。

“我不需要帮助，我自己能行。”说着，我费力地从椅子上站起身来。

“看看我说什么来着，你还是那么顽固。”他的话里充满了笑意。

“我们走吧。”我说着，一个人朝那段台阶走了过去。

我们来到台阶下面。我不由得瞪大了眼睛：原来100级台阶这么高啊！像座塔一样。

“你想怎么走上去？”马克问我。

“自己走，”我告诉他，“不过你得跟在我后面，看到我要摔倒时就扶住我。”我们就以这种方式向上进发了。这回我休息了5次。这真是一段漫长而又艰辛的路程，走到顶上时，我的肺都快炸了，两腿也不停地打着哆嗦。

“你说得对！你做到了！”马克高兴地说，在我身边坐了下来。

“我的顽固也是件好事情啊。”我说，然后我就倒在他怀里默默地哭了起来。他把胳膊放在我肩上，用力抱紧我，让我把心里的情绪全部都释放出来。

29 Gifts for Perfect Life

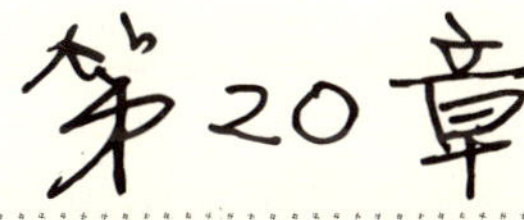

付出和接受

4月7日 星期一

过去20天的经历让我懂得了，付出和接受其实就是同一个硬币的不同两面，人与人是相互依存的，没有人能够脱离社会而独自存活，而这么简单的道理，我以前却看不到。

我今天很累，应该是昨天爬台阶累到了。所以从早上一直到下午很晚的时候，我什么都没做。我心里有些不安，觉得自己不该这样浪费生命，应该起来做点什么。可是我又想起姆巴利曾对我说过，不能操之过急，不要耗尽自己的精力。

就这样，我一直窝在床上，一会儿看看书，一会儿又睡着了，醒了再看，看了又睡……直到下午的时候，我接了一个事先预约的电话，这才清醒过来。这是我的一个新客户打来的，她叫西姆拉，是位私人营养师。她和我预约了一小时的电话咨询服务。45分钟很快就过去了，我们顺利地确定了一系列营销方案。之后我表示愿意免费将这次咨询延长至90分钟。这也是我的礼物，我想用它来表达我对重新开始工作的感激。

西姆拉愉快地接受了这免费的30分钟，接着把她为新公司取的一些名字告诉了我。我最喜欢“美味与健康”这个名字——响亮，又能反映公司的宗旨和目标。不过她对宣传语却是一筹莫展，虽然她在打电话之前曾发给我整整3页的文件，向我描述自己在这方面的一些想法，但是现在她还是没什么主意。西姆拉服务的客户大都是一些生活在高压环境之下，并因为压力的缘故开始呈现出不同的健康问题的人——其实我也属于这种类型。在过去的十年里，尤其是在广告公司工作的那几年里，我的工作时间一直都很长，工作十分紧张，总是要应付一个又一个的最后期限。

记得有一次，我为了完成一个大客户的新项目，三天三夜没合眼，一直在工作。到第三天的时候，我突然在制作室里昏倒了。一位艺术总监听到我摔在地板上的声音，赶忙从迷宫一样的走廊里跑过来。她抓起一沓稿纸，使劲在我脸旁边扇风，想让我呼吸点新鲜空气。即使是这样，我最后还是坚持着从地上爬起来，完成了最后几个标题，因为那天下午5点是最后的截止时间，我要在那之前把文件做完，展示给客户。一切终于结束了，我走进自己的办公室，钻到办公桌下面，蜷缩着睡了三小时。我太累了，连回家的力气都没有。

在广告业生存的人都是这个样子，每天都像是最后期限，全靠肾上腺素支撑自己。我厌倦了这种每天都要突破身体极限的生活。现在我才知道，我每次过度工作时，都会让自己的神经系统超负荷运转，而这对我的健康状况一点好处也没有。实际上，早在那个时候我的身体就已经呈现出一些症状了，可是直到最近我才弄清楚，这些症状同多发性硬化症有关系。再加上那些年我一直靠糖、碳水化合物和咖啡因补充精力，这也在无形中为以后的病埋下了隐患。现在，我知道了压力是导致自身免疫性疾病的主要因素，也知道了如果当初我能够选择一种不同的生活方式，或许我的病就不会像现在这样全面发作了。

西姆拉想教会人们如何用食物代替药物，想让人们知道改变生活方式可以让他们拥有更健康、更平衡的生活。在做营养师之前，西姆拉曾是一位管理顾问——常年出差，与各行各业的大人物打交道，赚很多很多钱，当然也要承受很大很大的压力。我们的故事里有很多相似的地方，只不过她得了另外一种自身免疫性疾病——纤维肌痛综合征——将她彻底击败了。和我一样，西姆拉的身体垮掉了，她拖着残破的身躯离开了那份高压力的工作，开始全新的生活。在尝试了很多方法之后，她学会了通过营养搭配和改变生活方式来控制自己的病情。而现在她想帮助别人避免那些我和她都曾有过的经历，让别人过上健康的生活。

“你觉得‘忙碌的身体需要健康的饮食方式’这句话怎么样？”我向她建议道，“或者‘平衡的生活需要健康的饮食方式’，你看怎么样？”其实，在她给我的文件里也提到过类似的宣传语，我稍微改动了一下。

“还不错。”她说。不过从她的语气我知道她还不是很满意。

“别担心！”我安慰着她，说着向前探了探头，好像她就坐在我面前一样，“我们一定会想出好的宣传语的。不过我还有个问题，你真的只是为想不出宣传语而苦恼吗？还是有什么其他的事情在困扰着你？”

像很多其他客户一样，一开始西姆拉打电话给我只是向我咨询一些诸如品牌、网站、营销手段之类的问题。但是在研究了近50位女性的创业经历之后，我了解到，成功的开始和logo的色调或者品牌标语的用词之间并没有太大的关系。情绪上的各种障碍限制了我们，让我们感到不安和怀疑，不敢向前迈步。

“你说对了，”西姆拉犹豫地说道，“实际上不是宣传语的问题。我怕创立一个公司会花费很多时间、金钱和精力，我怕这会让我再次陷入以前那种过度工作的危机之中。我不想再让自己累得病倒。”

现在我们找到了问题的根源，知道了为什么她有那么多好想法，却始终在抗拒给自己的新公司选择一条合适的宣传语。我建议我们先做点别的事情。很多时候，我喜欢指导我的客户做一些冥想练习。我用技巧性的语言与她交流，让她沉静下来，释放内心的恐惧。之后，我又教了她一些简单的冥想方法，这可以帮助她明确自己内心真实的需求。我花了很长时间去学习和传授这项复杂的运动，不过我会用自己的语言把它表述出来，尽量不使用那些深奥的术语，这样她才能听懂我的指导。

“哦，上帝，我觉得舒服多了。”20分钟的形象化冥想之后，西姆拉开心地说道。

就在挂断电话之前，西姆拉又跟我预约了几节课。我也给她布置了一些“功课”，希望她在下次通话之前完成。其中之一是要她到外面走一走，为她的公司logo找些灵感；还有就是要坚持每天练习我刚刚教她的这种形象化冥想，每天至少要做5分钟。我相信她一定会按照我说的去做，也相信在下次通话之前，她一定能为自己的公司找到合适的品牌标语，用这句响亮的口号将她的声音传递给整个世界。

我拿下耳机，为这一切轻声祈祷，感谢上帝赐给我这样的好运气。我坐在办公椅上开心地转着圈，为重新开始工作、再次与客户交流而感到激动。比起在广告公司时整天坐在电脑前为那些大公司的商业巨头们编写垃圾邮件，像现在这样，为女性创业者们提供咨询和帮助，为她们解答心中的疑惑，对我来说更有意义，也更能让我满足。

我禁不住想，这些天我像发了横财一样，工作接二连三地找上我，这会不会是我一直付出的结果呢？可是我立马为这种想法感到羞愧，我只付出了那么一点点，怎么会得到这么多回报？这太不公平了吧？我真的有资格拥有这种好运气吗？我意识到这都是那些一直隐藏在我心里的负罪感和自我否定在作祟，我不能让它们再影响我，于是我马上重拾信心，对着办公室的墙壁大声说道：“我应该得到这种好运气！”

过去20天的经历让我懂得了，**付出和接受其实就是同一个硬币的不同两**

面。人与人是相互依存的，没有人能够脱离社会独自存活。我把这种付出和接受看做是一种能量的交换——我们每个人，在每一个时刻，都在一遍又一遍地参与到这种宇宙间最普遍的交换当中。而且我也正在见证这种交换——不管我是付出的一方，还是接受的一方，这都是一种神圣的经历，用妈妈的话说，这是一种“神恩的显现”。就在我送出或接受一份礼物的那一刻，我的一部分——也可以说我的“属灵”——会同另一个人的属灵发生接触。而就在这一瞬间，我们双方都会感受到那种神圣的力量——那种以无物造万物的神圣力量，它的光芒将带给我们无尽的启迪和能量。

从付出实践的第二天开始，我一直都在坚持每天练习冥想。虽然有时我会忘记姆巴利所说的“自我肯定”，没有给自己喊一些口号，但是除了冥想之外，我每天都会祈祷，而这篇祈祷文是我很早以前就写下的：

> *嗡南摩—古鲁嘚—南摩（Ong Namo Guru Dev Namo梵语的“向带我们走出黑暗、走向光明的老师致敬”，修炼昆达利尼瑜伽先要唱念的瑜伽颂歌）。无形却至高无上的导师啊，我在您面前诚心祈求，愿我能够传递您的意志和对世人的关爱。今天，请您指引着我，让我为您和我的同胞们服务。*

重拾这些精神修炼，终于让我体会到了老师们口中所说的那种“神的意识”——那是一种与神灵的更深层次的交流。对于我来说，每天的祈祷和冥想让我重新找回了那种久违的目的感，而这也是开始付出之前的那几个月里，我的生活中所缺少的东西。那些日子，我的生活仿佛在黑暗中做着自由落体运动，毫无希望、毫无动力。现在我才明白，那时的我亲手把生命的灯关掉了，孤身一人从生命的飞机上跌落下来。但是神灵们一直都在那里，准备着把不断下落的我接住。我需要做的就是承认普世灵性的存在，睁开我的双眼，迎接神赐予我们的光芒。

第21章

接受的艺术

4月8日 星期二

看到越来越多的人加入到“29天付出”的行动中来，这给我带来了前所未有的满足感，而能够敞开心扉，坦然接受别人的礼物，也让我觉得生活变得更有意义了。

伊芙为这场付出行动设计的新网站很漂亮——主页上，一棵大树正吐露着新芽，鸟儿们忙着在树上做窝。伊芙告诉我，这棵树代表重生和复兴，而鸟儿则代表了精神的自由和解放。说实话，我没有在创意方面给她任何建议，可让我惊奇的是，她的设计居然和姆巴利那些以自然为基础的哲学是如此的一致，简直到了完美的程度。这个全新的定制网站下周就可以投入使用了，那时可能正是我送出第29份礼物的时候，这真让人激动。

我登录到我的网站上，读了几个故事。现在已经有57个人加入到我的网站中来，书写他们自己的付出故事了。这些人里面，有我在内布拉斯加州的老朋友，我们一起长大，一起上大学；还有我在旧金山湾生活的十年里结识的一些朋友、客户和导师。我的家人们也在跃跃欲试，要加入到我们的行列当中——我妈妈现在已经开始了她的付出实践，还会在自己的博客里把整个经历都记录下来；我的妹妹茱莉、非正式的妹夫赖安，还有他们的两个孩子，都在用各自不同的方式付出着；我的几个表亲也答应加入进来，正在为他们自己的付出作着准备；甚至还有几个朋友的朋友也到我这儿报了名，我能在网站上看到他们的名字，却不知道他们是谁，这种感觉真是太有趣了。

大多数人发上来的故事都很简单，只是告诉大家他们送出了什么礼物。一位女士说，她给她的母亲写了封信，和一本书一起寄给了她；一位先生说，他刚刚帮自己的一个朋友打扫了她的车库；还有一位女士告诉大家，她把一个朋友从忙碌的工作中拉出来，和她一起吃了顿午餐。这三个不同的人都说，付出本身并没有那么困难，真正困难的是要用心付出每一份礼物，而不是简单地应付了事。我也同意他们的看法。很多时候，能够在送出礼物之前停下来思考一下，这礼物到底来自于哪里，是件很困难的事——我是带着感恩之心、快乐之心，还有和别人分享的真实意愿在付出吗？还是在付出的表象下，隐藏了一种义务感或是想要得到某些回报的欲望呢？我们中很多人都渴望感受那种纯粹的利他主义，让我们能顺应自己内心最简单、最真实的意愿，为他人送上一份真诚的礼物，为他们做一些事情，却完全不求回报。

而且从这些故事中看来，有不少人还在纠结，到底什么才能算得上一份真正的礼物。

一位女士这样写道：

“昨晚，我给儿子读了一篇睡前故事。不过我觉得这算不上一份礼物，因为我每天晚上都会这么做。”

还有一个人这样说：

“微笑对我来说再容易不过，给人建议也是如此，所以我要在这29天里有所突破，要送出一些不寻常的礼物。”

从送出第一份礼物到现在，我觉得我最大的变化就是不再把付出当做一种压力，知道了不是只有那些矫揉造作的大动作才算是付出；**只要用心，不**

管什么礼物都会让我觉得很舒服。

我为客户提出的建议、我怕马克受累而独自洗好的盘子、我投进咖啡店小费罐或者送给路边陌生人的零钱——这些都是礼物。对我来说，这是一种思维方式上的根本转变，这种转变带给我更大的自由和快乐。如果我洗那些盘子是因为“别人希望我这样做”；或者我为客户提出建议是因为“我不得不靠这个养活自己”，那么在实施这些行为时，我的心境会大不一样，最后我只会懊恼、怨恨，不会有任何快乐的感觉。可是当我把一切都看做礼物时，我觉得我的心胸更加开阔了，我能更轻松地享受自己的每一天，享受我的生活。微笑也变得那么容易，我常常会不自觉地笑出声来。有时，我甚至会发觉自己正随着想象中的音乐翩翩起舞。我不记得之前曾有人向我讲过哪位多发性硬化症患者“振作起来”的故事，不过现在，我就在这样做，而且我感觉好多了。

还有一些在我的网站上和大家分享他们故事的人，正在为自己的“接受”忐忑着。

“我想我得重新开始了，”一位女士是这样写的，“事实上，我在第8天和第9天的时候，都接受了别人的东西，这对我来说真的有点可怕。是不是我的付出挑战已经演变成一场‘接受挑战’了呢？（**接受真的也是一种挑战。**）今天是我重新开始后的第9天，我打算送出3份礼物。”

虽然现在我已经能明白，姆巴利这个药方的目的就是让人们学习接受的艺术，可是一直以来我们都受着这样那样的教育，告诉我们不要轻易接受生活给我们的礼物，就连圣经《使徒行传》第20章第35节里都写着“施比受更有福”。

在付出与接受之间会有一种能量的交换。由于一些原因，人们总会觉得接受的一方“差了那么一点点”，我想这可能是这一方更需要帮助的缘故吧。人们普遍认为，付出的一方更有能力。但是在过去的三个星期里，我学会了让自己敞开心扉，像在付出时一样，热情、满足、自由地接受别人的礼物。

后背又开始疼了，我不得不关掉电脑休息一下。看起来这个小小的付出实践已经对这么多我深爱着的人们产生了正面的影响，这带给我一种前所未有的满足感。我们都是在通过这种经历来认识自我的。姆巴利一定会说，**有意识地同他人产生联系，会让我们觉得生活更有意义，而生活也因此会变得更有意义。**

我在办公室的沙发上躺下来，把头靠在一个枕头上。这时我的小猫哈比卜也走过来，趴在沙发旁边的垫子上——她一直都像这样陪伴着我。她满身都是灰色的斑纹，不过鼻子周围、下巴、小肚皮还有四只小爪子却是纯白色的。小家伙长了一双金色的大眼睛，小小的脸上似乎总挂着微笑，也正因为如此，我以前的室友给她取了个好听的小名，一直叫她“卡通猫”。我伸出手，在她那灰色的小耳朵后面轻轻地挠着。“你好啊，我的小卡通猫。”我一边抚摸着她绸缎般的小脑袋，一边柔声说道。这小家伙居然翻过身来，把白白的肚皮露给我。它在地上像个虫子一样扭动着小小的身体，在躺过的地方留下一缕缕灰色的毛毛，那样子真是可爱极了。

今天我要把礼物送给哈比卜，给它好好按摩一下肚皮。我趴在沙发上，从它的下巴开始一直挠到它毛茸茸的小肚皮，她最喜欢让人给它挠肚皮了。猫咪闭上眼睛，惬意地把头向后仰着，嘴巴里还“咕噜、咕噜”地叫着，似乎在鼓励我，让我就这样挠下去呢。“腹部按摩”结束了，哈比卜爬上沙发，蜷成一小团趴在我身边。我们俩互相依偎着，甜甜睡去……

29 Gifts for Perfect Life

第22章

有意识地付出

4月9日 星期三

在整个付出实践中，最重要的一点就是要“用心”，要有意识、有目的地送出每一件礼物，重要的不是你付出了什么，而是你付出的目的和意图。

现在是下午7点30分，我刚刚到达一场妇女戒瘾互助会的现场，我有些心不在焉、无精打采。今天我约了两个客户，分别为他们提供电话咨询服务——这还是我第一次在一天之内接待两位客户，这工作量对我来说可能有点大了。我在一张冰冷的金属折叠椅上坐了下来——在接下来的一小时里，这就是我的位置了——这时我突然想起，今天我还没有送出礼物呢！

我在头脑里回想着，想看看这一天里有没有做过什么事，可以算作一份礼物的：我早上做了份思慕雪，和马克一起分着吃了；之后我给妈妈打了个电话，看看他们最近怎么样；再后来我免费把一个客户的咨询时间延长了15分钟……昨天我还在说，任何东西都可以是一份礼物，不是吗？可是**在这个付出实践中，最重要的一点就是要“用心”，要有意识、有目的地送出每一份礼物**。是的，我今天为别人做了很多不错的事情，可是我为他们做这些事情的时候，并没有带着任何付出的意识和目的。

哦，该死，明天我得从头再来了。自从姆巴利把这个药方介绍给我那天开始，我就一直记着她的指示——如果我漏掉一天的话，就应该重新开始。我失望极了，真的害怕要从头再来，这感觉就像考试不及格还要重考一样。作为一个完美主义者的我，怎么能接受这样的事情？

今天还没结束，我告诉自己，或许这里有个人正等着我的礼物呢。

我抬起头，看看那些围坐在一起的女人们，我又一次失望了。她们中大部分人都清醒了一年多了，可我刚刚戒掉药瘾，仅仅清醒了一个月而已。想要戒除不良嗜好，最基本的一个原则就是要诚实，所以我不得不承认，在那次药物解毒之前，我一直在过量服用很多类药物，比医生开给我的剂量要大得多——在这样的聚会上承认我根本没有“清醒了5年”，多少让人有些丢脸。

我坐在这里，看上去有些邋遢——一条旧运动裤，搭配了我最喜欢的那件“超级女孩”T恤。我甚至都没有洗澡，因为我没那个力气。可是再看看这屋子里的女人们吧，她们正谈论着自己的工作、孩子，还有在努力工作和无私奉献中重建起来的清醒生活。她们每天都在进步，似乎我也正盼望着成为她们这样的女人，那么这一刻，我还有什么资格去帮助她们呢？我又能帮到什么呢？

或许我可以给她们中的某个人一些赞美呢？我这样想着。满脑子都是该送出什么礼物，早把这次聚会抛到脑后去了。不行，那样太做作了。

我一把抓起手袋，在里面不甘心地翻找着，打扰了坐在我旁边的人。这包里没什么可送给别人的。估计这屋子里没有哪个女人会喜欢我那花了8块钱在加油站买的太阳镜，也不会有人对我那盒买了半年的欧托滋（*Altoids*）口香糖感兴趣。

可就在这时，这次聚会的组织者拯救了我。

她传过来一个篮子，想要大家捐点现金，以支付这次聚会所产生的费用。这要是平常，我会完全无视这个篮子，并且很“无耻”地把它传给旁边的人，反正我不会往里面放一分钱。可是这次，我赶忙从包里掏出钱夹，把里面所有的钱都拿了出来——虽然里面只有三张1美元的纸币。就在我旁边的女人把那个玫红色的塑料篮子传到我手里时，我把这3美元放了进去。不过还是有些扫兴，3美元似乎少了点，还不够多。我不满足地在包里搜索着，希望能找到一张5美元或10美元的——这直接反映了这一刻我对自己的感觉：我很空虚，总觉得缺了点什么。

在过去的30分钟里，我完全沉浸在同自己的对话当中，这让我感到十分孤独，哪怕是我周围坐满了人，我也是这样的感觉。我忘记了，我是这些围坐成一圈的女人中的一分子，我们是为了一个共同的目的来到这里的：我们要互相帮助，让每个人都保持清醒，远离那些不良嗜好。这时我又看了她们一眼，才知道这里根本没有人在评价我。事实上当我用目光扫视她们时，很多女人都会同我眼神交流，都在向我微笑。

当我忙着把自己的外表同他人的外表相比较时，我忘记了我们内心里的共同之处。大多数瘾君子和酗酒者在很长时间里都会有一种自我厌恶感——我们中很多人会觉得自己的灵魂里有一个张开的大洞，我们试图通过酒精、药片甚至是毒品来弥补这个缺陷。在瘾君子的世界里总有一种强烈的缺失感，无论是自尊、爱、还是关注，我们总会觉得自己拥有的还不够多，我们永远也高兴不起来。只有在清醒之后，我们才会开始爱自己，对于我们中大多数人来说，这还是第一次，因为对我们来说，爱自己就像让鱼长出四条腿——怎么样都觉得不自然。

我真的想为这个互助会做些什么。在过去的几周里，它一直都是一个我可以休息、可以发泄的地方。那3美元或许可以为下次的聚会买盒热巧克力粉，我对自己说。我为互助会的正常运转出了一份力，这样我就能帮助和我一样的人，让大家都保持清醒，不再复发。真正重要的不是我捐了多少钱，而是我捐钱的目的和意图。

我不断提醒自己，不要在这次付出实践中，或者在生活的任何一个部分中苛求完美。我已经拥有很多了，我已经很完美了。我告诉自己，我们选择付出的每一份礼物都会在这世界上引起一些变化，都能让我们感受到将我们与他人联结到一起的那种神圣精神。是的，姆巴利确实是说过，如果漏掉一天就得重新开始，但她并不是把这当做一种惩罚手段。

“重要的是要坚持到底。”我回忆着她的话。“在这29天里，能量会一步步聚集起来。如果哪一天你忘记了，没有送出礼物，那么就需要重新开始，以释放之前积累的那些能量，并且让能量重新聚集起来。如果你实在无法重新开始，那么就接着漏掉的那一天继续付出吧。”

我当然感受到了这种能量的积累。3美元的贡献让我神清气爽，我开始兴冲冲地找别人聊天。一位叫克里斯蒂的女士邀请我和她们一起吃晚餐，她们几个每周都会出来小聚一下。一个月前，每次聚会结束我都想立马飞回家，好好睡一觉，可是现在，我为自己能帮助支付聚会的费用而高兴，而且我还和她们开心地聊着，好像我们是多年的老朋友一样。

29 Gifts for Perfect Life

第23章

特别的礼物

4月10日　星期四

“冥想”会让我感到平静和安宁，当我不断回想这么长时间以来，我受到的各种恩惠时，金医生那微笑的脸庞在我的脑海里浮现了出来。

我坐在我的冥想椅上，赤裸的双脚牢牢地踩着冰冷的地板，准备开始今天的冥想。我很喜欢在冥想时抓些东西在手里，于是我伸出手，在旁边的小桌子上拿来一只贝壳。这是一只小小的、珊瑚色的海螺，大概只有两英寸那么长，两头都有一个螺旋形的尖角；它很小，却很完整，通体没有一条裂缝。8年前我在佛罗里达的海滩上散步时捡到了这枚特别的贝壳。

我想象着自己正坐在一个金色的能量泡里，它象征着我最高的精神境界。我感到平静而安宁，不断回想着这么长时间以来，我受到的各种恩惠。这时，金医生那微笑的脸庞在我的脑海里浮现了出来。

冥想结束之后，我开始为金医生准备一些礼物。在过去的这几个月里，她帮了我很多。她不但每天开车接送我，还坚持每天帮我做按摩，为我针灸，给我配制各种凉茶。正因为她的努力，现在我的胃肠运动已经很规律了，疼痛也得到了控制。记得第一次去她那里治疗时，我每走一步都痛得不行；我的后背一直火辣辣的疼，严重的时候我只能躺在床上打滚，眼泪都快哭干了；我的双脚也很疼，稍微支撑一下身体都不行，更别提用它们来走路了；那时我还便秘，肚子胀得鼓鼓的，经常恶心呕吐。而现在，我可以舒服地坐在这里，还能自己出去散步，金医生的治疗是起了很大作用的。她为我做了这么多，却从未和我提起过治疗费用的事。

我在厨房的壁橱里储存了很多不同口味的凉茶，我从每个袋子里都拿出几包，准备送给金医生。我又找来一只玻璃罐，把这些凉茶按顺序摆放在里面，这样一来，整个罐子看起来就五颜六色的了。我还要把那个小海螺也送给金医生，因为我知道她一定会喜欢的。

在印度教的习俗里，海螺通常被用在各种仪式上。人们在祈祷或拜神时，都会吹响海螺；在各种宗教艺术作品里，保护之神毗湿奴（*God of Preservation*，*Vishnu*）手中也会拿着一枚象征生命的海螺。而在佛教（*藏传佛教*）的习俗里——金医生就信仰佛教——海螺被看做是“吉祥八宝”（*Eight Auspicious Symbols*）之一。吹奏海螺时所产生的那种不断回响的声音则象征着佛陀那普世、可以穿透人灵魂的呼唤。这呼唤可以让我们从混沌中清醒过来，敦促着我们不但要勇敢地追求自己的福祉，也要帮助他人获得神的福祉。我想，金医生一定就是响应了佛陀的召唤，来到我身边、为我治疗的。这真是这种习俗在现实生活中最好的体现。

我用一些色彩明快的淡紫色和绿色的面巾纸将凉茶罐和海螺包裹起来，放进一个小购物袋里。

一走进金医生的办公室，你就可以感受到那种有序的、“禅”的能量。她办公桌后面的书橱上，整齐地摆放了三盆花，一盆是开着橙色和黄色花朵的玫瑰，两外两盆是不同种类的兰花。从盆里的卡片可以看出，这些都是病人送给她的礼物。

我把手中的袋子递给她，她看起来高兴极了，激动地把手伸到袋子里，将第一件礼物拿了出来。她仔细地看着每一种口味的凉茶，对里面的配方好奇不已。她坐着办公椅滑到旁边的一张小桌子边上，伸手打开了电茶壶的开关，烧了些热水。

“治疗之后我们喝茶。”说着，她从罐子里拿出两包甘草薄荷茶，朝我挥了挥。

然后，她拿出了那个小海螺。

“哦，非常特别！太感谢你了。”她把海螺拿在手里，翻过来覆过去地看着，从各个不同的角度观察着它。随后，她从身后的书橱里拿出一个小木盒，那上面还带着黑白两色的阴阳标记。她打开盒子，我看了一眼，盒子里还铺了一层柔软的品蓝色织物。她轻轻地把海螺放进盒子，盖上盒盖。多么优雅的接受者啊，我心想，她一定深谙付出和接受之间的那种互惠关系。

在大部分的亚洲文化里，互惠都是一种重要的原则。而在韩国文化里，用更多的礼物回报别人的礼物，是一种普遍的现象；赠送礼物也是人际交往中一门最基本的学问。在西方的基督教文化中，互惠的原则被称为“黄金法则”。记得小时候，我在主日学校里学到的第一节圣经就是“你们愿人怎样待你们，你们也要怎样待人”（*路加福音第6章第31节*）。

社会学家和心理学家也经常用“互惠”解释利他主义。他们说，人们之所以会帮助别人，就是为了提高自己将来受他人帮助的几率。而在我看来，人类之所以能够在这个星球上共存，就是因为人类拥有这种回报他人善举的意愿。我认为，对大多数人来说，互惠的原则也是长期社会熏陶之下产生的一种本能，这已经成了一种与生俱来的行为，也正因为如此，我们才能被冠以“人类”这个称号。

我和金医生来来回回地互相道谢，她总是这样客气。我们都带着傻傻的微笑走进她的治疗室。我爬上治疗台，脸朝下趴在上面。像往常一样，金医生开始为我做足部按摩，节奏很快，而且还很用力。

按摩之后，金医生开始给我针灸。通常情况下，针灸用的针都是很细的——有些甚至细的跟人的发丝一样——所以当这样的针刺进身体里时，病人一般是感觉不到疼痛的。不过因为我已经在金医生这里治疗过一段时间了，所以她决定给我换上一些更大、更有威力的针，而且她还把这些针刺得更深了。每一根针刺进身体，都会让我痛得一颤。好在这个过程很短暂，只那么一瞬间针就被刺进去了。我紧绷的身体也跟着放松下来，平静得都快睡着了。接着金医生点燃一根艾蒿——这东西看上去很像一根黑雪茄——在我身体周围挥舞着。很快一股温暖的植物香气就把我包裹住了，这味道真让人安心，我不知不觉就睡着了。不知过了多久，金医生叫醒了我，把我身上的针一根根拔掉，之后又给我端来一杯她刚刚泡好的茶。我贪婪地闻着那清新的薄荷味道，轻轻地呷了一口。

当我走出治疗室，重回金医生的办公室的时候，她立马从椅子上跳了起来，像个孩子一样蹦跳着来到门口的一个桌子旁，从上面拿起一块扁扁的箭头形状的棕色石头。这块石头还挺大的，看样子得有5英寸宽，边缘上还有一些不规则的尖点和突起。她把石头递到我手上——它还真有些重量，不过表面打磨得很圆滑，拿起来手感还不错。

“凯米，这是一块特殊的按摩石，送给你了。”金医生对我说。她一边说一边还拿起我的手，向我示范着如何用这块大石头按摩我的头、脖子和肩膀。

这感觉真奇怪，一块大石头压在头上会是什么感觉啊！有那么一刻，我甚至忍不住想说，哦，不，你不必因为我今天带给你一些礼物就把这个东西送给我。

不过我知道，如果这样说的话她一定会难过的，所以我还是对她说："谢谢你。我会每天都用它按摩的，而且每次用它我都会想起你。"

29 Gifts for Perfect Life

第24章

种下我的感谢

4月11日 星期五

每次我登陆“29天付出”的网站，就会发现越来越多的付出者加入到了我们的行动中来，这也是我继续付出的动力。

再次登录“29天付出”的网站，我开心地发现，又有很多不熟悉的名字出现在这里。现在，我们已经招募了103位坚定的付出者，而这个数字几乎是前几天报名人数的两倍。这些新人都是一位叫做巴宝莉·布拉沃的女士介绍到这里的。她给这些人发了一封邮件，告诉他们她正在自己的博客上发布一些关于“29天付出挑战”的文章。巴宝莉的故事吸引了很多人，不少博主受了她的启发，也在他们的博客上书写自己的付出故事。到我下午出门散步的时候，又有31个人在我的网站上报了名。这种付出的仪式已经对我的生活产生了巨大的影响，我很高兴能把这些经历分享给大家。

今天我要去家附近的“格蕾丝治疗中心”做按摩，所以我没有像往常一样绕着我们的街区散步，而是步行来到附近的一家杂货店，为治疗中心的店主格蕾丝·孔女士挑选一些鲜花。这段时间，格蕾丝每周都会给我做一次按摩，让我的疼痛减轻了许多，所以我要向她表达我的谢意。

我在小小的鲜花区里徘徊着，一时还不知道该送她哪种花。最后，几株开满玫红色小花的植物闯进了我的视线。我想起格蕾丝在治疗中心的等待区里放了好多盆各式各样的植物，她肯定比我更会侍弄这些花花草草。于是，我买下这株盆栽，准备把它送给格蕾丝，给她的花草里再添一个新成员。

在“29天付出”的网站上，还有几则关于“匿名付出”的故事。一位女士偷偷地把一个礼物篮子放进了她公司的女卫生间；一位作家一直在把她的著作放到公园里或公共汽车上，她什么都不会说，只是在书里留下一张字条，写着“送给您欣赏”。有些人认为，这种匿名的付出更光荣，更能让人得到精神上的满足。他们中有人引用了《马太福音》第6章2~4节的话，作为这种观点的佐证：所以在你施舍时，不要在人前吹嘘，像那些假冒伪善的人一样，故意要得到人的夸赞。我告诉你实情，他们已经得了他们的赏赐。在你施舍时，不要让你的左手知道你右手所为，这样你的施舍会在暗中。而你父会在暗中查看，必会让你得到回报。

“我的经历告诉我，暗中付出的力量更为强大。而真正要做到这一点是很困难的，因为你必须保持低调，以便让你所做的事不被人发现，不受人褒扬。”一位女士这样写道。

就我个人而言，我并不认为暗中付出的礼物会更具变革作用或力量更为强大，至少，这种付出挑战的目的并不在于此。我们的目的是让人们用心地付出，并将这种有意识地帮助他人的行为发展成一种习惯。对我来说，把这些经历记录下来，可以让我时刻将付出记在心上，可以让我把付出当做一种长期的习惯。我也很希望别人把他们的付出故事也写出来，因为别人的故事也可以启发我，给我继续付出的动力。不过，我也觉得偷偷把我这份谢意种在格蕾丝的治疗中心里，会是件很有趣的事情。

我走进治疗中心，发现所有的治疗师都在工作，这可是个天大的好机会。我可以把我的礼物放在等待室的咖啡桌上，这间屋子里摆放了很多植物，估计没人会注意到这个新成员。

几分钟之后，格蕾丝走进等待室，一眼就看到了那株小小的植物。她看上去很惊讶，还说那些亮粉色的小花和我T恤上的条纹很配。我终于忍不住了，没法再装出毫不知情的样子。于是她一下子就猜到了，我就是那个送花来的“花仙子”。哎，看样子今天是没法偷偷地付出了。不过我还是很开心地接受了格蕾丝的感谢。

29 Gifts for Perfect Life

第25章

男人的电影

4月12日 星期六

今天，我和马克待在一起，让他能够轻松地看自己喜欢的节目，这也是我送给他的礼物。其实，放弃对一些事情的控制也是件让人舒服的事情。

今天，我和马克待在一起，这是我们送给彼此的礼物。他最近一直很忙，忙得连坐下和我说说话的时间都没有——这对于他的事业来说是件好事，可是对于我们的婚姻来说，可不是什么好事情。他真的非常迫切地想让他在洛杉矶的配音事业有所起色，于是他不得不每天开着车，在这座繁华的大都市里四处奔波，忙着去参加各种甄试，应付各种社交活动和这样那样的录音工作。过段时间他的工作会更加紧张，因为除了之前安排好的各种画外音配音工作之外，他还要为一组新的电视广告录音。

今天该做点什么呢？我们颇为此争论了一番，最后终于达成一致，决定出去看场电影。不过对于要看哪部电影，我们一时还无法统一意见。我是个挑剔的人，就连看电视我们都会争个没完，更不要说看电影了。而且几乎每次都是我占上风，因为我比马克顽固得多。不过今天，我要利用这个机会送他一份礼物。

“你选吧。”我说。

他用一种怀疑的目光看着我："你说什么？"

"真的，"我向他保证，"这次你来选，我保证不管你选哪部电影我都会和你一起去看，而且我也不会有任何抱怨。"

在占据完全优势的情况下，马克建议去看《爱情达阵》（*Leatherheads*），这是一部由乔治·克鲁尼和芮妮·齐薇格主演的怀旧片，记录了职业美式足球兴起时的故事。马克知道我很讨厌怀旧片——而且我更讨厌运动片。

"好，就看这部。"我附和着，不过他一定知道我那兴奋的声音是装出来的。至少乔治·克鲁尼还算性感，我对自己说，而且我很喜欢芮妮·齐薇格在《BJ单身日记》（*Bridget Jones's Diary*）和《甜心先生》（*Jerry Maguire*）里的表演。

正巧我今天还没有出去散步，于是我们决定步行去格劳曼中国戏院（*Grauman's Chinese Theater*）看这部电影。这座戏院就在离我家不远的地方，虽然我曾无数次在它前面经过，虽然我也知道很多大片的首映式都在这里举行，可是这还是我第一次走进它的内部，亲身感受一下这里的艺术气氛。这里真的很漂亮，我尤其喜欢那间女休息室里的装潢，那里所有的装饰品和家具都是最初修建这座戏院时留下来的，就连墙上那些华丽的镜子都是当时装上去的。这些镜子一定见识过很多著名的面孔吧？说不定贝蒂·戴维斯和英格丽·褒曼也照过这面镜子呢。我这样想着，往前探了探身，给自己涂上一层唇彩。

电影还不错，除了一大堆男人在球场上横冲直撞之外，还有那么一点喜剧元素和少女情怀在里面，所以我才能忍着一直看到结束。

回到家，我做了点简单的晚餐，让马克从厨房里解放出来。我弄了些鸡胸肉，放在酱油、米醋和姜片里腌了一下，又用电饭煲做了些米饭、蒸了些西蓝花——这是马克最喜欢的蔬菜。

吃完晚饭，我又给了马克一个大大的惊喜，这也是今天最大的礼物。

“今晚遥控器归你管了，”我对他说，“你要看什么我就跟你看什么。”

马克选了他最喜欢的《今日秀》（*The Daily Show*），开心得都快晕倒了。能够轻松地看看喜欢的节目，又完全没有我的抗议和干扰，这对他来说是件多么幸福的事啊。不过我对这节目却没什么兴趣，只是心里一直想着**放弃对一些事情的控制也是件让人舒服的事情，哪怕只是这么一件小事。**我想看到马克开心的样子。不再为那些无关紧要的小事而争吵感觉真是太美妙了。为了一个问题纠缠不休只能让我在这个问题里越陷越深——那不是我想要的结果。

29 Gifts for Perfect Life

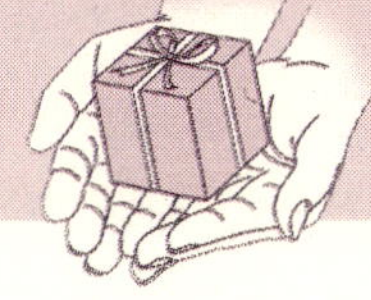

第26章

海边的贝壳

4月13日 星期日

只是一枚小小的贝壳，就让小蕾切尔那么地高兴，她的高兴是给我最好的回报。

今天很热，阳光能把人晒出泡来，我散步回来时已经是满头大汗。马克给了我一个甜蜜的惊喜——他给我们俩准备了一顿可爱的早午餐。餐桌正中间放了一大盘薄饼，还有一碗热腾腾的炒蛋；连我们俩的餐具都摆好了，他甚至还把餐巾折成了可爱的小扇子。而且餐桌上还放了温热的枫糖和花生酱，马克知道要是不涂上这两样东西，我是不会吃那些薄饼的。我一边称赞着这一餐是多么的精致，马克是多么的用心，一边坐下来，和他一起享用这些美味的食物。

我咬了一口那甜甜的果仁味大饼，禁不住叫道："嗯——这薄饼怎么这么松软啊！"

"我把鸡蛋用打蛋器打碎了之后才放进面糊里的，"马克回答说，"我在一个人的博客上看到这个方法，说是这样做出来的薄饼才会松软可口。"

"这是你做过的最好吃的薄饼。"

我们很快就把这些东西都吃光了，之后马克喝着他的咖啡，我品着我的甘菊茶，坐在那里聊了一会儿。一餐饭结束了，马克找来一只旅行袋，把毯子、防晒油和我们的几本书装了进去，准备带我去圣莫尼卡海滩上玩一玩。他还为我们准备了一些吃的，几个三明治、一些果麦棒、两只苹果和几瓶水，他把这些都放进一个红色的小冷藏箱里，和旅行袋一起拿到车上。

我们开车来到海边，因为有水的缘故，这里的天气还算宜人。气温大概有90度（*华氏90度，相当于摄氏32度*）左右，太阳高高地挂在无云的天空，火辣辣地照耀着。尽管春天刚刚开始，却像夏天一样热。记得在旧金山居住的那些年里，每年这个时候我们还穿着一层又一层的厚衣服，每天出门都得带着伞，因为不知道什么时候会下雨。可是洛杉矶不一样，这里每天都是大太阳。这也应该算是这次南迁好的一面吧。

我们往缺少日晒的雪白皮肤上涂了些防晒油，把那块橙蓝相间的棉毯往沙滩上一铺，就这么一直躺了差不多两小时。太热了，我们决定到水里待一会儿。冰冷的海水打在腿上感觉很舒服，不过那些海浪有点让我受不了，每次海水向岸上冲来或者退回海里的时候，我都站不稳，几次都倒在那轻柔的海浪里。虽然每次马克都会耐心地把我扶起来，可是我还是决定放弃了，转身走回岸边的毯子上——与其在海水里把自己弄得浑身湿透还不如在岸上晒晒太阳。

马克又在水里待了好长时间，和那几个跟他在一起的8岁小孩儿一样，开心地击打着水花。两个金发的小男孩正在那里冲浪，马克也学着他们的样子，试图要靠他那中年男人稍微隆起的肚皮让自己漂浮在海浪上。他努力想要驾驭海浪，一次又一次地扎进海水里，可是每次他都只能漂几英尺远，随后便被海浪甩在后面，一个人在那里浮浮沉沉了。看着他那样子，我终于忍不住大声笑了出来。

马克的水上运动结束了，他走到沙滩上把自己晾干，然后我们开始吃午餐。之后又看了一会儿书，在海边走了走。我捡了一大把漂亮的小贝壳，差不多都像小圆石那么大。它们真的很美，阳光一照就散发出粉色和淡紫色的光芒。空气里有一股咸咸的味道，一股凉风从海面上吹来。我把这些宝贝装进口袋，筹划着回家之后把它们放到我的神坛上。我们回到毯子上，准备收拾一下回家了。这时，我看到不远处有个可爱的小女孩正在那里堆沙堡。她大概有4岁的样子，一头金色的长发在风中飞舞着，正聚精会神地把湿乎乎的沙子装进一个小水桶里，准备再建一座城堡。

我走过去和女孩的妈妈聊了几句，这位女士正帮着她的小女儿挖沙呢。

“你女儿真可爱。她叫什么名字？”

“这是蕾切尔。”那位妈妈说着，用沾满沙子的手在小女孩背上轻轻拍了一下。我一直在旁边静静地看着。小女孩终于把她那淡绿色小桶里的沙子拍得实实的了，这时她才抬起头来看了看我。

“你喜欢贝壳吗？”我问她。

“喜欢！”她一下子跳了起来，不小心踩进了她辛辛苦苦费了好大劲才挖好的“护城河”里。

“你想不想要些贝壳来点缀一下你的城堡呢？”

“当然！”说着她已经把张开的小手伸到我面前。

贝壳太多了，她那小小的手掌根本放不下。聪明的小女孩把两只小手拢在一起，做成一个小碗，接着我的贝壳。我呢，也慷慨地把所有贝壳都送给了她。

“谢谢！”她微笑着对我说，然后接着建造她的城堡去了……我一直在旁边看着，小女孩和她的妈妈小心翼翼地把贝壳一枚一枚地放到城堡正面，用它们拼出了一个大大的拱门。

我和马克一边往车上走，一边谈论着小蕾切尔是多么的可爱。

“她只是收到几个小小的贝壳，就高兴成那个样子。这种感觉真是太让人惊叹了。”马克一边扶我上车，一边对我说。

“我知道。”我回答着，“看到她的笑容，我真觉得自己也回到了4岁的时候。”

29 Gifts for Perfect Life

第27章

英国蓝调

4月14日 星期一

我把我对英格丽的祝福和关爱和音乐一起灌进了那张CD里面，希望她能伴随着那些歌曲继续美好的生活。

伊芙制作的新网站今天可以上线了，她的设计真让人兴奋——整个网站的风格清新而明快，这正是我想要的东西，之前，已经有144个人在我原来的网站上报名参加这场付出行动，所以现在我要发邮件把新网站的事情告诉他们。可就在这时，我突然感到一阵恐慌和焦虑。我不知道这是为什么，于是便停下来让自己好好想一想。

对我来说，焦虑总是和恐惧联系在一起的，所以我问自己，我到底在害怕什么。我的头脑里一下子涌出了许多答案。如果这场行动迅速开展起来了会怎么样？我一天只能工作2个小时，我没办法单靠自己的力量去管理这么大一个在线社团。

我意识到，几个月的无所事事已经让我惧怕那种大规模的成功了。我之所以会患上多发性硬化症，很大一部分原因是因为工作压力太大。我急于跟上业务发展的步伐，不惜以牺牲自己的身体健康为代价。我很担心这一次我还会忘记自己的身体极限，我不想让自己太累。我的病会这么迅速地恶化，也是因为我们搬到洛杉矶的决定做得太仓促了，我提醒着自己。我还没有确定自己能否在新的城市里得到相应的支持，就匆忙地将自己从旧金山“连根拔起”，让自己脱离了原有的保障系统，搬到了洛杉矶这座陌生的城市。我再一次陷入那种“不足”的思维模式当中，觉得什么都不够。

现在，我在洛杉矶已经有很好的保障系统，我的神经科医生、精神科医师，还有那些针灸医生都在我身边，我可以随时和他们取得联系；我有很棒的瑜伽教练；格蕾丝会给我做按摩，还会带我一起做一些身体训练；而且我最近还认识了一位不错的脊椎指压治疗师；更重要的是，我在这里的互助会上结识了一些真正的朋友——克里斯蒂、英格丽以及其他几位女士——我不再觉得我只能依靠马克一个人，而这种想法曾一度削弱了我和马克之间的关系。现在，马克不再是我的保姆，他再次成为我的丈夫，我的伴侣。这个月，我们已经同床3次了，而就在之前的6个月里，我们根本没有性生活，我没有精力去考虑那种事情。

我试着说服自己，让自己摆脱内心的恐惧。如果这个项目启动了，会有很多人来帮助我的。姆巴利早就答应会帮我了，马克也一直都很乐意帮我处理一些计算机方面的问题，伊芙和杰夫也会来帮忙的，所以这样看来，我不会很累。

可是，新的恐惧又来了。我不确定我是否能将自己与疾病作斗争的那些私人细节都告诉别人。我知道我应该毫无保留地把自己的故事和大家分享，不能只是说一些好的方面，只有这样，人们才会觉得我的故事是真实的，才愿意相信这种付出行动会对他们有所帮助。在关闭之前那个博客的时候，我曾发誓再也不会把自己的私人生活暴露在公众的目光之下，我不愿再看到那些冰冷的批评和指责。现在，我又要将自己展示给别人，这让我十分紧张。不过现在的我也坚强多了，我觉得这种牺牲是值得的——如果用我的隐私和秘密可以换来一些好的结果，那么我很乐意把它们分享给别人。

其实，在我心里还有一种隐藏的恐惧，那就是我不知道事情会朝着什么方向发展，我不知道结果会如何。我一直都是个有计划的人，帮助他人确定经营战略和营销计划是我的工作。我一直都在强调书面计划的重要性。在广告公司工作的那几年，我们一直都将“企划阶段”看做是攻克一个项目过程中至关重要的一部分。那时，甚至是到杂货店买点东西我都要列一个详细的购物单，不然我是不会去的。

可是对于这个项目，我却没有任何计划——我完全是凭感觉作出下一个决定，然后坐在那里静观其变。无论如何，有个计划总会让我感觉好一些。可是这个项目跟我之前做过的任何一个项目都不一样，我没有把它看做是一种经营，它只是一种很有创意的实践，也许这种毫无计划的特性也正是它的魅力所在。我就是想把事情放在那里，然后看看它会引发什么样的结果。

我知道，恐惧一直都是阻止我去冒险、去追求自己梦想的头号敌人。我一直都在指导着我的客户，帮他们战胜自己的恐惧，所以我也清楚，如果任由这些恐惧去销蚀我的精力的话，那么可能这场运动还没有发起就得早早结束了。

过了一会儿，我终于战胜了自己。而现在，我正在撰写一份邮件。我有些紧张，因为这里有很多人我都不认识。不过这并不是什么大问题，就像指导我的客户那样，我把这些恐惧形象化，想象着它们正从我的头脑里滚动出来，顺着我的脊椎一直向下，最后被我排出体外，就像冲马桶一样被冲刷得干干净净。接着，我把邮件发了出去——连检查都没检查一下，只是为了让自己摆脱恐惧，继续前进：

“和我一起付出的朋友们，你们好！

首先，请允许我向那些刚刚加入这场“29天付出挑战”的朋友们说一声，“欢迎你们的到来！”

现在，我们的团队里已经拥有了144位坚定的付出者，我内心的激动真是无法言表。

今天是我开始付出挑战后的第27天。直到现在，我还对这段时间里发生的一切感到难以置信。

当时我之所以会接受这项挑战，是因为我想看看，如果我能在29天里把所有精力都集中在付出上，到底会发生什么样的事情。它会引发什么意想不到的事情？我的思想和行为会有什么转变？其实最初我有很多疑问，这只不过是其中的两个而已。但是现在，我怎么也没想到，事情竟会如此地展现在我面前。

到了今天，我的第27天，我仍在为生活中那些奇迹般的转变感到震惊：

* 我觉得自己更健康、更快乐了，对生命充满了敬畏。

* 我发觉自己的笑容一天比一天多起来了。

* 我的身体强壮了许多，正逐渐从多发性硬化症的各种症状中恢复过来——到第二个周末，我就把手杖扔掉了。

* 我的工作也有了很多新的转机。

* 自从患上多发性硬化症之后，恐惧已经让我忘记了自己的家人和朋友，而现在，我又重新和他们取得了联系。

* 我在洛杉矶结识了一些新朋友和新客户。而在刚搬来的那几个月里，我一直都觉得自己与世隔绝，孤独无助。

* 我和我的丈夫更加恩爱了。

当然，这只不过是个开始。

现在，把你的故事也和我们一起分享吧。让我们知道你送出了什么礼物，又得到了哪些回报。

愿安宁与光明永远笼罩着你。

愿你今天有一份美好的付出经历。

凯米·沃克”

现在，是时候送出今天的礼物了。其实从这个月一开始我就想着要送这份礼物，可是一直也没能如愿，因为它需要我和马克的共同努力——我让他帮我录了几首英国艺人的经典歌曲，送给我的朋友英格丽。我希望她能在完全意想不到的情况下收到这张CD，希望里面的歌曲可以让她露出一丝微笑，能让她想起自己的家乡。这里面有冲击乐队（*The Clash*）的《这就是英格兰》（*This Is England*），有疯狂乐队（*Madness*）的《超越一步》（*One Step Beyond*），还有《班尼·黑尔》（*Benny Hill*）的主题歌。

我从妈妈亲手制作的漂亮贺卡里选了一张，在上面写上美好的祝福，和那张CD一起送给英格丽。这张卡片的正面有一顶金色的皇冠，一下子就让我想起了英国女王；在它的波点衬底上还印刷着粗体的“朋友”两个字。我在心里默默为英格丽祈祷：上帝，请您帮助英格丽吧，让她不再为母亲的离去而悲伤。请帮助她带着对母亲的思念继续她自己的生活吧。我几乎看到了英格丽正在她家的客厅里，伴着马克录制的歌曲翩翩起舞。

29 Gifts for Perfect Life

第28章

付出的小狂欢

4月15日 星期二

坚持不懈地付出已经为我的人生带来了越来越多美好的改变，一份小小的礼物，就打破彼此之间的坚冰，让人们的沟通和交流变得更有意义。

27天的付出之后，我不再觉得自己像个被关在家中的囚徒，反而开始热切地盼望着每一天的到来，想要亲眼见证每天所发生的一切。我注意到，我送出的那些礼物大大加深了我与他人之间的亲近感——就连一些不认识的人，也是这样，比如那个我送了72分钱的醉酒的流浪汉。我选择了一些人送出我的礼物，我与他们之间的交流和互动比在过去那些年里同他人的日常交往更有意义。当我走近一个人，想把自己的一小部分同他分享时——想把一份来自于我心灵的礼物送给他时——我们之间交流的动因就发生了改变，因为我是在让自己为他人服务。在那一刻，我对他们没有任何期望和要求，只是简单地想把自己的礼物送给他们。

今天我的第一份礼物是要将一位客户的电话咨询时间免费延长一些。这位客户名叫德萨娜，是一位女性健康咨询师，也是我在广告公司工作时的第一位客户。那时我兼职为她提供咨询，帮她成立了自己的公司——“成就健康”（*Fruition Health*）。从那时开始，我一直都在关注着她的企业，高兴地看着它在经历了几次过渡之后不断地发展壮大起来。

这些日子，我正在为德萨娜提供多方面的企业咨询服务——市场营销、企业运作和管理都是我们讨论的内容。今天，我们打算要商量一下如何吸引更多的电话客户，因为她最近刚把办公室搬到圣克鲁斯郊外的一个小镇上，那里的市场要比旧金山小得多。她想为全世界的女性提供健康咨询，而这就意味着她要寻找一种全新的工作和交流方式。

随着时间的推移，我和她之间的关系也逐步深化，我们成了非常要好的朋友。在过去的5年里，她都是我的健康咨询师，一直支持着我，帮我度过了很多生活中的变故。就在我被确诊患上多发性硬化症之后，她还帮我做了很多调查，帮我研究了不少适合多发性硬化症患者和其他一些免疫系统紊乱病人的饮食搭配。她在通过改变我的饮食方式从而改善我的健康状况过程中起了非常重要的作用——比如，我听取了她的建议，不再食用精致糖类，并且调整了脂肪摄入种类，改吃一些更易于吸收的高级脂肪。

我刚拿起电话，德萨娜就对我说："我有个好消息要告诉你。"

"你买了新房子！"我激动得脱口而出。我知道他们夫妻俩这段时间一直在看房子。

"不是。"她说。

"你签了个新客户？"

"不，也不是。你永远也猜不到。"

"哦，上帝！你怀孕了！"

这一次德萨娜没有说话。

"我猜对了没有？你要有自己的宝宝了！"

她开心地笑了。我喜欢她那银铃般的笑声。

"哦，上帝。我真为你高兴！"

“我自己都不敢相信。我们上个月才开始准备怀孕的，没想到会这么快。”

我的心紧缩了一下。真的有些嫉妒他们了。德萨娜很了解我，她知道我在想什么。

“对不起，凯米，”她对我说，“我知道你和马克一直都想要个孩子，这个消息一定让你很不好受。”

就在我生病之后的第一年里，每个月我和马克还近乎虔诚地在我的排卵期做爱，不管我们是不是真的有这种需要。很快，这种以怀孕为目的的夫妻生活就完全变成了一种机械化的程序，对我们双方来说，没有一点情趣可言。可就是这样，每个月的那几天，我的月经还是会准时地到来。我们越来越失望，彼此间的距离也越来越远了。每个月，我都会找德萨娜或者别的朋友倾诉。“为什么我没有怀孕呢？”我会一遍又一遍地这样问她。我和马克甚至还跑去做了生殖检查，可是什么问题都没查出来。

后来我的身体状况开始急转直下，那种对性生活的需求和对孩子的渴望全都消失了。如果我病弱得连孩子都照顾不了，那还要孩子干什么呢？那时，除非是我的健康状况会一下子好转，否则连领养都不大可能。我可能一辈子都不能做妈妈了——一想起这个我就很难过。或许将来某个时候，我们会领养一个孩子，但是不是现在。我已经接受了这个事实，也觉得现在领养不是个明智的选择。而现在我能做的，就是做个好阿姨，去宠爱我的侄子、侄女，还有朋友家的孩子们。

“不，不，”我连声说道，“我真的为你高兴。当然我也希望这种事能发生在我们身上，不过我真的为你们俩感到高兴。你一定会是个了不起的好妈妈，克里斯也会是个很棒的爸爸。”

“克里斯都快飘到天上去了。”她告诉我。

“那是肯定的了，这可是个天大的好消息。真想快些见到你们的宝宝。”

“我想我们还是谈谈工作吧，”她说，“我可不想花钱雇你来跟我讨论我怀孕的事。”

我叫她不要担心，我们的电话咨询还没开始呢。接着我表示会免费为她延长30分钟。

她很高兴地接受了这份礼物，并且将我们的计划日程作了些小小的调整。除了要按原计划商讨如何吸引更多的电话客户之外，她还想知道该如何把她怀孕的消息告诉她的客户，以及怎样安排生完小孩之后，产假期间的一些业务。

一小时之后，我们已经敲定了一些可行的方案。我放下电话，为我们的工作成绩感到满意。再想想德萨娜挺着大肚子的样子，我禁不住笑了。她肯定会生个可爱的小女孩，我这样想着，把她的客户资料收了起来。

之后我洗了满满一水池的餐具，这是送给马克的一份小礼物。紧接着，我又送出了今天的第三份礼物——我拿了一罐美味的韩国柚子茶送给我隔壁的邻居提娜。虽然我和她不是很熟，但是每次我们在两家共用的阳台上相遇时，都会开心地聊上几句。

“这是什么？”提娜见我递给她一罐橘子酱一样的东西，忍不住问我。

我告诉她，如果她把一小匙这种黏糊糊的东西放在热水里溶解，然后再小小地尝上一口，她就会发现，这是她喝过的最美味的茶。

“我听说把这东西放在伏特加或者清酒里会很好喝，”我告诉她，“不过我不喝酒，所以还没试过。”

“嗯——我们这周末会约几个朋友过来开个小party，或许可以尝试一下。”提娜将她长长的棕色头发束成一条马尾，一说话辫子就来回摆动。

她把茶放进冰箱，我们一起坐在她家20世纪50年代风格的浅绿色餐椅上聊了起来。渐渐地我们发现，我们俩都是贪婪的书虫。就在讨论同古典文学相比，“鸡仔文学”（*chick lit英美出版界的一个创作流派，其作品是专门以女性为阅读对象的流行读物*）的优点时，我们突发奇想，决定交换一下彼此的书籍。每当一个人读完一本书，就把它留在阳台上，然后另外一个人再拿去读。

我带着她的几本小说回了家，为我们之间正在萌芽的友谊感到兴奋。我和提娜有很多共同之处：我们都在写作，都喜欢动物，而且我们都很内向，在交友这方面都属于慢热型的人。今天我送给她一份礼物，打破了彼此间的坚冰，为我们进一步的交流和沟通创造了条件。

29 Gifts for Perfect Life

第29章

奇迹一英里

4月16日 星期三

找到真我的最佳途径就是在帮助别人的过程中丢掉自我，而这29天的经历正向我证明了这句话的正确性。

今天我要带着热情去付出，这是我今天自我肯定的口号。今天也是个特别的日子，是我这轮付出实践的最后一天。因为这一天的到来，我和马克决定出去大肆庆祝一番。不过在走出家门之前，我想先捐些钱出去。说起来很有趣，这个月我将自己的一些钱捐给了别人，可是这种行为却意外地将我从那种缺钱的恐慌中解脱出来。尽管我们仍身负债务，可是现在的我却相信，我们的钱很充裕——而且更重要的是，我明白了把我所拥有的一些东西分享给别人，并不会降低我们的生活质量。

最近有人在我们的付出网站上发表了一篇文章，告诉大家他正通过kiva.org这个网站向第三世界国家的创业者提供小额贷款，而当这笔贷款在一定时间内得到偿还之后，还可以再将其借贷给别的需要帮助的企业主。我也想像他这样做。我登录了他说的那个网站，在那些等待小额现金贷款的人中间搜索着。最后，我选择了一位在加纳（*Ghana*）开办食品摊的妇女，将自己的25美元借给了她。只要轻轻点击几下鼠标，这笔钱就会跨越国界来到万里之外的另一个国家，而有了这25美元，这位女士就能买一辆手推车，用它运输自家的农产品。之后我又写了一张25美元的支票，将它寄给国际社区援助基金会的“乡村信贷”工程部（*FINCA Village Banking project*），这个组织专门为发展中国家的妇女提供小额贷款，帮助她们创业。

做好这一切之后，我和马克都换上跑鞋，一起钻进车里，准备奔赴我的“大结局”之旅——我们要去润宁山谷（*Runyon Canyon*）来一场1英里的徒步旅行。我们开了一小段距离，来到谷底小路的入口处。我抓了瓶水从车里出来，踏上那条通向山顶的小路，准备出发了！这条小路弯弯曲曲的，没走几步，它就折向了左边，并且开始有些倾斜了。虽然之前我们曾多次开车穿越好莱坞山，可是这还是我第一次走在这山间的小路上。我在这座缓缓隆起的小山脚下停下来，心想自己是不是有点操之过急了。

“这山看起来还是有点坡度的，我不知道我行不行，亲爱的。”我告诉马克，“我觉得5到6个街区是我走过的最远的距离，1英里可能有点远了。”

“没关系。你能走到哪儿咱们就在哪儿停下来。那边第一个转弯的地方有个长椅，你可以在那里休息一下。”马克安慰着我。他已经来过这里几次了，所以对这座山比较熟悉。“如果我们能一直走到山顶再走下来，那就超过1英里了。”他用手指着山顶那块平整的空地，在那里有很多人聚集在一起，向山谷之外远眺，在这晴朗的天空下欣赏着洛杉矶的美景。

我深吸了一口气，这座微微倾斜的小山，简直就是我的“珠穆朗玛”（*Mountain Everest*）。

“好的，我试试吧。”我拉起马克的手，我们两人开始慢慢地向山上走去。好在小路已经被人们踩得很实了，要不然我是没法在松软的土地上行走的。

我们终于走到了长椅那里，我的腿已经抖个不停了。

“我的脚有点疼。”我跟马克说。我们坐下来，马克建议我把鞋脱下来歇一歇。

“我觉得这不是个好主意，”我对他说，“每次我的脚疼痛之后都会浮肿。如果我现在把鞋脱下来，等一下很可能就穿不上了。”

“那你想回去了吗？”我知道他一定对这个想法感到失望，我也是这样。

“不，不，我们走吧。我能做到的。”

马克微笑着把手递给我。我握紧他的手，让他把我从椅子上拉了起来。我们走完了剩余的1/4英里，在这里小路又再次转向右边，带我们来到了山顶。这片小小的高地上安放了很多长椅，不过都已经被人们坐满了。有很多人都带着狗，一条小夏约克就在这时跑到了我面前，在我脚边趴了下来。它在地上打着滚，把肚皮露在外面。这让我想起来哈比卜乞求爱抚时的样子。

于是我弯下腰，开始按摩它的小肚皮。狗狗舒服地蠕动着，直到它的主人喊它的名字。

“桑普森，过来。”

一听见妈妈的喊声，小家伙立马翻身跳了起来，沿着小路上下跳跃着奔向自己的主人，向它的“妈妈”寻求宠爱。而那位妈妈也回应了小狗的请求，弯下腰在它的小耳朵后面挠了挠。

“或许我们也应该养条狗。”我对马克说。这时有人离开了，我们赶忙坐到刚刚空出的位子上面。我咕嘟咕嘟喝了几大口水，开始欣赏左边山上的好莱坞标志和洛杉矶市中心的美景。在城市的那一边，是高高耸立的群山。今天的天气很好，整个城市没有像往常一样被烟雾笼罩，所以可以很容易看到好莱坞山更远处的景色。而向右边看去，可以一直看到大海，在那里太平洋的海水不断涌到岸上，亲吻着圣莫尼卡和威尼斯海滩。

“因为现在还不能要孩子，所以或许我们可以看看我们能不能照顾好一只小狗。”我接着说。

“这个想法不错，我从小就想养条狗，可是爸爸妈妈不答应。”马克说。一阵停顿之后，他感叹道：“这景色美得让人难以置信。”

“我知道。因为前两天下了场雨，把空气都冲刷干净了。”我这样回答着他。我抓起他的手，“我们可以养个小点的狗狗，”我说，“小狗比大狗好照顾。”

“不过我们先要跟房东商量一下，看她答不答应我们在她的房子里养狗。”马克这样告诉我，而且他还许诺一定会跟房东说的。

下山比上山容易多了，一路上马克都拉着我的手，最后我们终于胜利地回到了出发的地方。

“我走了一英里！”我兴奋地对着马克大喊，好像刚跑完一场马拉松一样。不过对我来说，这一英里真的是场马拉松。

“是的，而且其中有一半还是上山的路！”马克说着给了我一个大大的、甜蜜的拥抱，我们开心地摇晃着，一起庆祝这来之不易的成功。

我们开车回了家，正如我所料，一脱下鞋我的脚就肿得像葡萄一样了。我用几个垫子把脚垫高，将今天剩下的时间都用来休息。我今天走了一英里。我今天走了一英里。我今天走了一英里。我一遍又一遍地重复着这句话，最后我终于理解了这个奇迹的意义。

我躺在那里，护理着我浮肿的双腿和双脚，不禁想起我在这段时间里经历的各种变化。从第一天付出的时候开始，我生活中的能量就改变了方向。我觉得我希望得到今天这种结果，而且我也有资格得到这种结果。现在，我更加坚信，我已经足够好了。

比起以前，现在的我更能接受别人的帮助和关爱。事实上，现在我更愿意伸出手去帮助别人或者接受别人的帮助。

微笑变得容易多了，我更能在生活中发现乐趣。我对周围的人都充满敬意，我会去注意他们那些好的品质，不会再像以前那样只关注他们所谓的“缺点”。

我让自己融入生活、享受生活，不再觉得活着是一种折磨。我正以一种崭新的面貌出现在众人面前，而这也改善了我同丈夫、父母，还有网站上那些新老朋友们的关系。事实证明，**如果你的思维一直处于一种消极状态之中，那么你就不可能有积极的交流和互动。**

以前，我把大部分的时间和精力都用在思考我的“不足”上面，思考我做不到什么：我无法再像以前那样赚很多钱了；我和马克可能再也无法买自己的房子或者再也不能有自己的孩子了。我过去一直在走的那条路消失了，可是我并没有一直低头注视着空空的脚下、不住地为命运哀叹。相反，我开始注视那些新辟的小径，它们正奇迹般地展现在我的面前。而让我意想不到的是，这些小路竟然将我带到了一个全新的、不曾想象过的地方。我不再强迫自己一定要预知下一步会发生什么，也不再认为一切事情都要在我的掌控之下。

我身体上和精神上的病痛减轻了许多。不过我并不是在一夜之间变得坚强。其实，这种力量一直就在我的身体里，只是我那时没有足够的能量将它唤醒。

也许，今天我最大的变化就是觉得自己已经在精神上找到了一种更高层次的力量感。我开始认为一切事物都归于神圣，神存在于一切事物当中，也包括我。当我们付出或接受时，我们就会和这种神圣的力量发生关联。现在我觉得自己是一个更大团体中的一小部分，而不是像29天之前那样，觉得自己处在一个孤立无援的小岛上。现在，我觉得自己和他人相互依赖，彼此需要，而神就是我生命中的力量源泉。在之前的大部分时间里，我都将这种依赖看做是一种负担，认为我必须要独立起来，靠自己的力量完成所有事情。我理所当然地认为，依靠别人是不明智的，只有自己才最可靠。现在的我，打破了之前的信条，承认神灵的存在，也承认我需要他人的帮助。这让我在心灵上得到了解脱，也在精神上得到了真正的独立。

圣雄甘地曾说过这样一句话：**"找到真我的最佳途径就是在帮助别人的过程中丢掉自我。"**而这29天的经历正向我证明了这句话的正确性。

我感激地为姆巴利祈祷，并将此作为今天的礼物。我突然想到一件事情，而从一开始我就知道我会这样做：从明天起，我要开始新一轮的付出。

后记

对过去一年的总结

今天，是我连续付出的第365天，这也是我第13个“29天付出”的循环。我现在的生活同以前相比已经截然不同。

我真希望我可以说这种“29天付出”的药方已经治愈了我的多发性硬化症，可是这样太不诚实。到目前为止，疾病还在影响着我，不过不同的是，我已经能够更好地应付这些症状了。现在，大部分时间我每天只需要服用两片处方药。我还为自己注射一种针剂，以减缓多发性硬化症的发病过程，而且据医生所讲，这种药似乎已经起了作用。事实上，我最近一次的核磁共振扫描显示，在过去的一年里，我的病没有进一步地恶化。我还是会感到疼痛，有时我也需要吃些非处方的镇痛药。除此之外，我还要服用一些维他命和草药，以支持我的免疫系统正常运转。我还尽量让自己的饮食平衡一点、健康一点。

虽然身体上的疼痛仍是我生活中的一部分，但是它无法再控制我了。现在我每天都能做些工作——通常是每天两小时左右。我的生活又有了价值，我也很享受工作的过程。

大部分时间，我都能自己走路。而在过去的一年里，也有那么几段难熬的日子，让我不得不买一根新手杖。有时，如果我特别疲劳或者因为过于激进将自己累倒了，我就会需要一根手杖或者是一只温暖的手臂来支撑我。不过我不再认为这是一种虚弱的象征，而是把我继续走下去的决心看做是力量的源泉。每天我走出去的距离都不一样：有些时候，我只能在家里的走廊上来回走几次，而其他一些时候，我却能在6~12个街区的距离里四处走动。当我感觉自己的状态不是很好的时候，我还是会使用那个绕着街区一圈一圈走的小把戏，这样我可以离家近一些，不会因为太累而回不了家。

我和丈夫、家人、朋友的关系更加亲密，也更让人满意了。我和马克比以往任何时候都更加恩爱。我们还是没有做成爸爸妈妈，不过我们又开始考虑要领养一个孩子了。我们还商量着可以做一些孩子的养父母，在他们的家庭出现危机时为他们提供一个栖身之所和一份稳定的生活。

我们还给家里添了一个新成员——一只5磅重的可爱吉娃娃。我们将它从糟糕的生活状况中解救出来，并为它取名为“查理”。我们一直悉心照顾着它，将它从一只惊恐、见人就发抖的小可怜，变成了现在这只自信、友好、热情的狗狗——这也是我们最想要的回报。查理几乎从不离我左右，有时我真觉得它就是我的孩子。

不幸的是，最近我那只大黑猫阿布离开我们了，它跟了我十四年，从它还是个小猫崽的时候就一直在我身边。哈比卜还很健康，可是我仍然会每天思念阿布。可能我们还会再养一只小猫或小狗，好给查理做个伴。

我和金钱的关系也发生了巨大的变化。虽然我们还欠父亲一大笔钱，每个月都得努力还给他一部分，可是我不再担心我们是不是有足够的钱了。我开始将钱看做是一种存在于世界上的无尽的资源，我相信，神会为我们提供足够的金钱来满足我们的需要。

现在，我在洛杉矶结识了很多新朋友，还会和我在旧金山以及中西部的老朋友们通过电话和网络保持密切的联系。

我生活中一个最大的不同，就是人们每天都会告诉我好几次“他们爱我”，而我也会告诉他们，我也爱他们。但是就在一年前，我还病痛缠身，根本无暇顾及人与人之间的爱。

有时病情严重时我也会哭泣，可是大多数时候，我都发现自己正因为极度的感激或因为他人的付出故事而感动得流泪。

现在我正和很多人一同发起一场世界范围的亲善运动。我们的目标就是要让奉献精神在全世界民众的心中得到重生。就像这本书里所写的，现在已经有38个国家的近5000人在我们的网站（*www.29gifts.org*）上报了名，接受了这场29天的付出挑战。到目前为止，人们已经在这个网站上发布了8000多个故事和2000多篇文学作品。

作为一个团队，我们做了很多非常有影响力的工作。充分证明了只要我们团结在一起就能完成很多之前单凭个人力量无法完成的任务。我们帮助一位年轻的新成员，伊利西娅·斯凯——她得了乳腺癌，那时正处于治疗阶段——募集了一万多美元的手术费用，让她能够及时地接受手术。有数百名饥饿的南非儿童得到了我们“泰迪熊关怀行动”（*Teddy Bear Care www.teddybearcare.org*）的资助——这次行动由来于一位叫做莫林·福布斯（*Maureen Forbes*）的付出者的博客。而就在最近，我们还帮姆巴利筹集了5000美元的善款，资助她和武卡尼·马威瑟唱诗班的南非人道主义之旅。武卡尼·马威瑟是一个很有声望的、非营利性的多种族唱诗班，姆巴利也是那里的成员。他们一起演唱南非歌曲以及一些有关自由、福音、灵魂和人权的曲目。这些音乐将美国人民同非洲人民甚至是全世界人民连接到一起。在那次南非之行中，姆巴利和唱诗班在她的家乡为很多有意义的项目募集了不少款项，并且他们还荣幸地为纳尔逊·曼德拉举行了一场私人音乐会。

我也找到了姆巴利第一次为我占卜时一直渴望的那种新的写作风格和表达方式。现在我几乎每天都会写些东西。当别人问起我的职业时，我总是回答："我是个作家。"在很多朋友的帮助下，我甚至还写出了一整本书。

对于那些加入到这场29天付出挑战中的人们，我的感激无法言表。我们的社团是一个可以让你卸下面具的地方，更重要的是，它还是一个可以让我们把共同的声音通过故事和文学作品的能量传播到全世界的地方。

用心的付出、积极的感恩已经成了我每天精神修炼的一部分。这些简单的举动慢慢演变成一个可以让我找到幸福的公式，而且这公式非常有用，可以说屡试不爽。在我第二轮的付出实践中，我到北好莱坞宗教科学教堂做礼拜，尊敬的马克·维埃拉牧师向我传授了这个公式：

神的意识+付出+感恩=内心的富足

这个简单的公式是这样起作用的：每天我都会祈祷，并花上至少几分钟的时间让自己静思反省。我会向有幸结识的人们送出我的礼物。并且我会尽可能多地向别人说"谢谢"。

在过去的365天里，我对自己的了解更深了。我发现，我在内心深处还是个很好的人。我明白了，我作为一个人的价值不能简单地用我有多大成就来衡量，不能仅凭我的外在评价我的人生。虽然多发性硬化症会限制我的身体，但是它无法阻止我去过一种有目的、有意义的生活。我还发现，我具备了一种能量，可以与他人交流，并且让他们也跟着我一起行动起来。

所以今天，在我付出的第365天里，我想向那些选择参加"29天付出"行动的人们说一声"谢谢"，并且我也真诚地邀请你们所有人都来访问我们的网站，更希望你们能留下自己的名字。请允许我向姆巴利以及那么多曾将他们的智慧传授给我，并给我启迪、让我在生活中不断前进的导师们表达我最真挚的谢意。

29 Gifts for Perfect Life

附录1

“29天付出”社团里的故事

这些真实的故事很有代表性，透过它们，你可以一窥“29天付出”网站上那数以千计的好故事。如果你也想和大家一起分享你自己的付出故事，请访问我们的网站：www.29gifts.org。

蛋糕上的糖霜

鲁迪·西蒙（Rudy Simone）
鲁迪·西蒙是一位生活在纽约西部的作家。

我正站在一家“一元店”里排队结账。虽然这里几乎没什么商品是低于一美元的，不过你还是能在这里买到不少便宜货。我一般在赶时间的时候，就会来这种商店购物，因为我对这里的物品摆放很熟悉，可以轻易找到自己需要的商品，而且结账时也不需要排很长的队伍，通常每个收银台前最多也就一两个人。可是今天是个例外，结账的人很多。我只好一边排队，一边打量着杂志封面上那一大堆布拉德和安吉丽娜的照片来打发时间。平时我可从来不看这种八卦杂志，可是今天却不一样，我站得时间越长，就越觉得这杂志很有吸引力。好在不断缩短的队伍拯救了我，要不然我可能真的禁不住诱惑要买一本瞧瞧了——现在，我前面还剩一个人，马上就要轮到我了！

“11块6。”收银员用机械苍白的语调对我前面那位顾客说道。

那位女士仔细地在她的钱包里翻找着，同时还要使劲抓好手袋，免得把它掉在地上。她把眼镜往上推了推，将一堆零钱放在她和收银员之间那个窄窄的横档上，一个一个数了起来。

“哦，我没带够钱!”她很抱歉地对那位收银员说。虽然她还在微笑，可是不难看出她有些局促不安，为把自己缺钱的事实暴露在这样的大庭广众之下而感到难堪。我身后的人们已经有些不耐烦了，有人把脚在地上来回地蹭着，也有人大声地叹了一口气。每一分钟这队伍都在变长，但是却只有这一个收银台是开放的。

“你有卡吗？银行卡、信用卡都行。”收银员的声音一点也不柔和。

“不，我没有。”那位女士开始有点畏缩了，“我只能退回一些东西了。”

听了这话，收银员把本来已经装进袋子的东西又一个个拿了出来，有些不悦地将它们胡乱放在柜台上。

那位女士买了一盒生日蜡烛，一包蛋糕粉，一罐糖霜，还有一些糖果和几个小玩具，而且这些玩具都是成对的：那里面有两包贴纸，两个泡泡枪，两套小女孩戴的小首饰，还有两个很普通的芭比娃娃。

“这个多少钱？”女士拿起那罐糖霜，问收银员。

“1块9毛9。”

很明显，这还不足以让这位女士摆脱困境，她必须再退回一样东西。看上去她似乎很难作出选择。这时收银员已经不耐烦了：她的语调变得有些尖锐，嘴角也微微垂了下来，两眉之间还出现了一道竖纹。而这时，我身后的队伍更长了。我站在那里，看着收银员对那位顾客的同情变成鄙视，就这样在不经意间给了那位女士有力的一击，毁了她的一天。这时只见那位女士拿起了一只娃娃，我再也忍不下去了。

“你需要多少钱？”我问。

“什么？”

“你还差多少钱？”

收银员抬起眼珠看了看我，替她做出了回答："2块6。"

"给。"我掏出3美元递给那位女士。我不是想引人注意，不想得到感激，也不是想让她快些结账，我只是想让她开心，想让那两个小女孩都有属于自己的娃娃。

"真是太感谢您了。"女士对我说，"我的两个孙女都在我的车上。她们是双胞胎，今天是她们俩的生日。我以为我带够了钱。"

"不必再说这些了，很高兴能帮到您。"

我真的不需要她的感谢。这真是为数不多的几次，我在完全不考虑个人利益的情况下送给别人一些东西。确实，我一直都在把一些衣物捐给慈善组织，可是那些都是我不想再穿的衣服，它们占用了属于其他衣服的空间。我也会送出别的东西，不过通常在我的行为背后都是有所期待的，哪怕仅仅是一种因果循环。其实大多数人在大多数时候都会这样。那些社会学家、心理学家、哲学家还有神学家们一直在争论着"利他主义"——在19世纪早期，由法国哲学家奥古斯特·孔德（*Auguste Comte*）创造的专业术语。它指的是那种单纯地为了他人的利益而帮助别人的行为。持不同意见的人们则认为，世上根本就没有真正的利他主义，没有人会在完全忘我的状态下去帮助别人，因为我们从一开始就知道，在帮助他人之后，我们的自我评价会有所提升，而且也能得到他人的认可。

但是有那么一刻，我感受到了那种真正的利他主义。我想帮助那位女士，仅此而已。我想让她高兴，也想让她的两个双胞胎孙女度过美好的一天。利他主义是存在的。不过它也有一个亲近的双生兄弟——就在我感受到那种利他主义之后，一种新的感觉立马涌上我的心头，我对自己的行为很满意，内心舒服极了。不过，这并不是我一开始的动机，只能说它是蛋糕上的糖霜，只是一种美丽的点缀而已。

用付出开启封闭的心灵

玛丽·伍兹（Mary Woods）

玛丽·伍兹是一位中学教师，也是两个孩子的母亲。她居住在中西部地区。

注：为了保护个人隐私，作者已将本故事中涉及到的人名作了更改。

从执教初级中学开始，我每天都要跟一些“问题儿童”打交道，不过现在有个男孩尤其让我和我的同事们感到头疼——在这里我们就叫他“坏小子”吧。这男孩总是把他那条肥大的牛仔裤松松垮垮地吊在腰上，似乎一不小心就会掉下来。好在他上身还套了一件超大号的运动衫，虽然从没见换洗过，但总算把他的屁股遮住了，这身衣服再加上一双脏兮兮的球鞋，简直成了他的标志。他的头发也不是很整齐，长长的刘海儿总是盖在眼睛上面。不过一旦他把头发拢到一边，你就会发现，他的脸上正挂着一副轻蔑的表情。看样子，似乎没有人在照顾他，真不知道他的妈妈在干什么。

很自然的，“坏小子”成了6年级那些不良少年们的偶像。他会故意地用很慢的速度在人前游逛，似乎每走一步都要引人注意。他是老师们口中的“负面领导”，他有一种与生俱来的魅力，可很明显，他没把这种魅力用在正确的地方。他用它来捉弄其他孩子，用它来让老师们苦恼不堪，用它来逃避实际的工作。他很聪明，可是他为什么如此让人困扰？

不幸的是，人们总是会对那些耍小聪明的人敬而远之，“坏小子”也得到了这种“待遇”。虽然崇拜他的那些女孩子们依然对他十分忠诚，可是我可以感觉得到，我的同事们已经放弃他了。圣诞节时发生的一件事就证明了这一点。那时我们学校的教职员工们准备捐一些钱给那些急需钱来过节的孩子们。这是个很棒、很有爱心的主意，不是吗？在一次会上，我们一起讨论着哪些孩子可能需要这份资助——那个父母都住在收容所里的甜美女孩；那个刚刚移民到这里，很明显只有一两件外套的学生；还有天分不是很高却非常勤奋、而且最近又被寄养在别人家的女孩，他们都应该得到我们的捐助。而这时，我突然想起了“坏小子”每天都穿着同一身衣服的样子，想起了他在同龄人面前那种冷漠的表情。

“你们觉得‘坏小子’怎么样？”听了这话，其他老师立马将一种十分怪异的眼神投向我，好像我疯了一样。

“我不确定他是否有资格得到这样的礼物。”有人这样说。

“他肯定不会领情的，他是不会感激我们的。”另一个人这样说道。

“他一直都只会惹麻烦。”一个人说，“那么我们为什么要用这样的礼物去奖励他呢？这能让他学到什么呢？”

在我们这些教师当中，我一直都是个“老好人”，因为不管对什么样的孩子我都抱有一种乐观的态度，也因此被人叫做“波丽安娜”（*Pollyanna*，*指盲目乐观的人*）。

为了不引起争端，维持一种平和的气氛，我只好结束了这个话题。

那天晚上，我和丈夫一起看电视，而“坏小子”的影子却依旧在我的脑海里徘徊着。我想起了“29天付出”运动，想起了我们不是为了得到而付出。不把这份礼物送给他是不正确的。

“我只是觉得这样做不对……我知道他是个爱耍小聪明的人，是个小混混，可是……”没想到，说着说着我的眼泪就流了下来。

“他还是个孩子，”我的丈夫替我说了出来，“他在内心里只不过是个11岁的小男孩。我希望，在他心中的某个地方，会是一个想要得到圣诞礼物的小男孩。”

第二天放学之后，我找到校长，和他谈了这个想法。最后他答应了。我把我的那份捐助放在一张圣诞卡里捐了出去。没有人，甚至是“坏小子”自己都不知道是谁向他伸出援手。我希望他能想想，是什么人还会在乎他。我不知道他会用这20美元买些什么东西，但是我知道在我和校长“密谋”了这次捐助之后，我晚上能睡得安稳一些了。有时候，一个人只要来到这世上，就有足够的资格得到他人的礼物。

朗读吧，孩子们

史蒂夫·詹泰尔（Steve Gentile）

史蒂夫·詹泰尔和他的妻子住在美国东海岸，他们家里还养了两头万能梗（一种大型犬）。

记得开始第一轮“29天付出”时，正是一年中时间过得最慢的时候，慢得似乎时间都停止了脚步。人们忙着度假，准备着把大点的孩子送进大学，或者让小点的孩子做好入学的准备。而我却无所事事，正毫无目的地在街上游荡，不知不觉就来到了镇上的图书馆，小时候妈妈经常带我来这里。我的手机不会响，我也不用去收发邮件，毕竟这个时节邮件是很稀少的。在这里待上一小时，并不会让我错过外面世界的发展。

就像小时候一样，我两手空空地走进图书馆，挑了一本我能想到的最经典的著作——杰克·伦敦的《野性的呼唤》——打算找个安静的地方来读一读。最后我在一个靠窗的安静的角落里坐了下来。不过刚过了一会儿，几个小孩就加入了我的行列，看来他们和我想的一样，也想找个安静的地方看看书。那四个小孩以孩子特有的方式小声嘀咕了几句（*其实已经不能算是嘀咕了*），然后就坐成一圈，开始大声朗读起他们几个一起看的一本书。

那是E.B.怀特的《夏洛蒂的网》（*Charlotte's Web*）。还挺会选的，我心里想。虽然安静的气氛被打破了，我也只能听之任之。几个孩子轮流着每人读上几段，如果哪页有幅插图，还要展示给其他几个人看一下，然后再把书传给自己身边的人，让他接着读下去。我放下手里的书，发现自己很开心地走了神，被孩子们这种简单的行为吸引住了。我把脸转向他们，孩子们有些胆怯了。

“对不起，先生。”一个孩子说。

“没必要道歉，请继续读下去吧。”

他们接着读了起来。我就在一旁安静地听着。每个孩子都压低了声音，尽量让自己小声一点。他们还会互相帮助，如果有谁遇到了什么不会发音、不太理解的词，或者遇到很难断开的句子，其他孩子都会帮助他。

有时他们还会用声音和目光来向我求助，我猜可能是因为我是离他们最近的大人吧。

“有些词确实很难，试着读读看。”我这样鼓励着他们。

这真是一次绝妙的经历。我没有自己的孩子，因此从未体会过这种简单的快乐。那种试探着读出一些生词的稚嫩声音简直就是这世上的无价之宝——在生词面前表现出的犹豫，发音时音调的提高，好像在问“是这样读的吗？”这都是应该好好珍惜的礼物。

听着他们那稚嫩的声音，我仿佛也变成了一个孩子，只不过在那一刻，我还是我的母亲，正听着我大声地朗读。他们的声音在我脑海里，在我口中，突然之间又将我周围的空间全部填满。这一刻如此甜蜜，如此真实，又是如此丰富，好像永远也不会结束一样。

我突然意识到，我送给这些孩子们的礼物也是很有价值的。我让他们接着读下去，没有让他们觉得自己打扰了别人。我还聚精会神地听着他们的朗读，他们可以毫无畏惧、自由地读出那些字句，向别人展示他们对语言的掌握能力。总之，在经历了一些小小的奇迹之后，我们都得到了一份珍贵的礼物。

这一切神秘地开始，又神秘地结束。我那些年轻的朗读者们四散走开了。我们周围的世界又恢复了原来的样子，时钟又开始计时了；图书馆内外的生活都还在继续——这一切如此真实，真实的就像那位把我带到这个世界上、也十分钟爱语言和文字的女人留给我的记忆一样，而这个女人就是我的妈妈。

谢谢你，孩子们。谢谢你们送给我如此宁静的记忆。

母亲的乳汁

埃琳·莫纳汗（Erin Monahan）

埃琳·莫纳汗是一位出版诗人，也是五个孩子的妈妈。她居住在北卡罗莱纳州的“印第安之路”。

人们将怀孕的女性称做“期待中的母亲”，因为怀孕是成为人母的内在征兆。我们会期待那些脏尿片和那一个个不眠之夜；会期待宝宝迈出的第一步，还有那蹒跚学步时碰伤的膝盖；会想到他们的欢笑和泪水，还有那一个个美梦和噩梦，可是我们绝不会想到，会把自己可爱的宝宝放进一个24英寸长的白色棺木里，这不合乎规则。可不幸的是，有些时候上天会改变一切规则。这种事就曾发生在我身上，而且还是两次。

在5年的时间里，我的女儿亚丽克西斯和儿子诺瓦，在出生时都带着致命的心脏缺陷。两次，我们的人生被那些生涩的医学术语所定义；两次，我祈求医生和上天拯救我的孩子；两次，我挑好了棺木，眼睁睁看着墓地的工人把它埋进土里。

亚丽克西斯只活了12天。她的五个哥哥姐姐只见过她一面。在她四天大的时候，哥哥姐姐们把鼻子抵到她在新生儿特护病房的塑料摇篮上，对他们那个长着粉嫩小脸的小妹妹说“你好”。我对那12天的记忆很模糊——骄傲、恐惧、爱和痛苦全都交织在一起。她只在家待了6小时，然后我们就把她送进医院，和医生、护士、外科医生们一起分享我们的宝贝。他们给她喂奶、换尿片，抱着她、摇她入睡，比我和她在一起的时间还要多。而她留给我的全部东西就只有几张照片、一条粉色的小毯子，还有她的一缕胎发，我把这些都放在一个打着翠绿色丝带的记忆盒里。

在接下去的五年里，我的生活都笼罩在一片恐惧、猜疑和怨恨之中。我不再是母亲、妻子、女儿，也不再是一名员工或一位朋友，我只是一个悲伤、哀怨的女人。生活在继续，可我却只能像行尸走肉一样被生活推着往前走。除了愤怒，我什么都感觉不到。

之后诺瓦出生了。其实他还在我肚子里时就被诊断出患有和亚丽克西斯一样的心脏疾病，只不过他的病稍微轻一点。他是12月出生的，我们把他接回家过圣诞节，之后他一直待在家里，直到他三个月大的时候。在别人眼里，诺瓦是个非常健康的孩子，一点也不让人操心；而那些没完没了的预约、各种繁琐的手续，以及那无数个不眠之夜，甚至还有那可怕的开胸手术，只有我们自己知道。我想老天不会那么残忍、让悲剧再次上演吧。可是在2006年4月6日，在经历了6个星期的外科手术、并发症还有一系列的感染之后，诺瓦还是没能扛过真菌感染的侵袭，在我的怀里闭上了眼睛。

诺瓦和亚丽克西斯都离开了我们，可在他们两人短暂的生命里，我的经历却大不相同。诺瓦生病时，我们没有像亚丽克西斯生病时那样完全将自己封闭起来，而是打开心扉，积极地和外面的世界取得联系。我们加入了美国心脏协会（*American Heart Association*），找到那些面临同样问题的家长，和他们交流；我们还参加电视节目，接受新闻采访，还给7000多人做了个演讲。我们曾把亚丽克西斯藏在心里，让她成为我们悲伤的理由，而这次我们却把诺瓦的故事展示给别人，希望它可以给这个世界带来一些启示。诺瓦支持着我们活下去，他就像一颗明星，指引着我们去接受、去面对。

我走了很长一段路，最后终于找到了一种崭新的“常态”，它与我以前熟悉的那种“常态”完全不同。现在的我，更有同情心、更加慷慨，因为我知道了一件非常重要的事情：慷慨可以让人振作，它可以给你一个理由，让你觉得自己很好，甚至是在你早已忘记什么才是“好”的时候，它也会让你找回以前的感觉。当我发现这个“29天付出挑战”时，我就被这种仪式深深地吸引住了，它和我的想法如出一辙，因此我便兴奋地加入进来。可尽管如此，当我要将一件难以割舍的东西送给别人时，我才知道，为什么这种仪式会是一种挑战。

我唯一在情绪上难以放下的物质性东西，就是我在生亚丽克西斯和诺瓦时用的一个吸奶器。大家都知道，母乳对所有的婴儿都很好，不过对于心脏有缺陷、免疫系统不健全的孩子来说，母乳更加重要。母乳中的抗体可以帮助这样的婴儿抵抗感染，提高他们的免疫力。因为我的孩子很早就住进了医院，他们没法吸到我的乳汁，所以我不得不用吸奶器将奶水吸出来喂给他们，让我的孩子更健康、更强壮。虽然我没能留住他们，可是这个吸奶器却象征着我对逝去的孩子的爱。

诺瓦离开的时候留下了很多东西：婴儿床、汽车坐椅、秋千、充气椅……还有这个吸奶器。我把它们一一收藏起来，不过到最后还是将它们送了人或借了出去。后来我的侄女怀孕了，想问我借点诺瓦的东西——也包括这个吸奶器——我有些不愿意，害怕她不会把它还给我。不过谢天谢地，我担心的事情并没有发生，而且也因为这样，在接下去的一年多里，我把它借给了另外几个女人。

最近，一个将近20年没联系的老朋友又出现在了我的生活当中，我和他从小学到高中都是同学。他的女朋友怀孕了，不过他们的经济状况很差。她想母乳喂养，需要一个吸奶器。当然，我有这个东西，可以送给她用。我知道我应该让她用我的吸奶器，不过我不确定她能不能好好地保管，或者会不会把它还回来。现在这个简单的事情已经让我纠结了几个星期了。

平时，只要我觉得应该做什么，就会毫不犹豫地顺应自己的想法，大胆去做。可这次，我的思维却在“做”与“不做”之间左右摇摆。万一她把它弄坏了怎么办？万一她不还怎么办？一开始我决定把它卖给她，可是很明显，她付不出这笔钱。最后，我决定不让她用，我甚至还在本地的网站上发帖出售这个吸奶器，后来我还把它带到庭院旧货出售会上，可是终究没有卖出去。

我曾听过这样一句话，“如果你不能把钱送给别人，就不要把钱借给他。”这句话最基本的意思就是说，在借钱给别人时，一定要做好对方不会还钱的准备，不然就不要把钱借给别人。我也想用这个方法来处理现在的问题。我会把吸奶器拿给她，但却不再期望她会把它还回来。从本质上讲，我想要放手，我已经做好了准备，不再期望它会再次回到我这里。而且我也愿意相信，是上天安排我把它送给这个特别的人。我把它送给别人，并且知道自己做了一件该做的事，亚丽克西斯和诺瓦一定也在天上朝我微笑，他们一定会同意我这样做的。

用另一种方式取暖

珍妮弗·曼瑞莎·福勒（Jennifer Meriposa Fuller）

珍妮弗·曼瑞莎·福勒喜欢把俄勒冈州的波特兰称做她的家。

大风在我身边呼啸着，似乎穿透了我的衣服，直接抽打在我身上。好像完全没有经历秋天的过渡，波特兰阳光明媚的夏天一下子就变成了严冬。天气的骤变让我措手不及，我根本没有加衣服，只穿了一套很薄的T恤和牛仔裤。更糟糕的是，我之前还坐在公园里用手机和朋友聊了整整一小时，结果现在，我的右手已经像一只冻僵的鸡爪子一样了。“热巧克力！”我兴奋地对自己大叫着，这正是我需要的东西。我赶忙冲向最近的一家咖啡店，点了个中杯的热可可。往常我都会点大杯的，可是最近我的钱比较紧。我已经失业一年了，买这杯饮料本身就是一种奢侈。

我带着巨大的满足感从咖啡店里走出来——如果你曾得到过梦寐以求的东西，那你一定会明白我当时的感觉。我穿过马路，风从各个方向向我扑来。我低下头，准备从被子里小小地喝上一口。可就在这时，我看到了左边的一个女人。她无家可归，手里举着一块硬纸板标志坐在冰冷的水泥地上。为了抵御这种寒冷的天气，她尽量把自己裹得很严，可是我知道，她一定还很冷。我想都没想，立马向她走过去。“你想喝杯热巧克力吗？”我问，说着把杯子递了过去。

就在那么一瞬间，她脸上的痛苦表情发生了变化。她的眼睛睁得大大的，闪烁着惊喜和渴望的光芒，就像圣诞节的小孩一样。她脸上呈现出来的兴奋表情，要比我在几秒钟前体会到的满足感大几千、几万倍。“哦，是的，谢谢你！”她高兴地对我说。我把杯子递给她，送了她一个大大的微笑，接着便沿着前面的路走开了。我离开的时候，她正把脸埋在可可的蒸汽里面，陶醉在那一片温暖之中。

突然我觉得不那么冷了，似乎这样一个简单、却被别人欣然接受的礼物温暖了我的灵魂。为了让整个过程更加圆满，我必须微笑下去。我马上想再做点什么，我要把这种快乐传递给更多的人。就这样，我沿路一直寻找着，看看有什么人需要我的帮助。我像着了魔一般，急切地搜索着。付出的感觉真是太好了！

就在那时，我悟出了一个道理。尽管在那一个多小时里，我一直在渴望那杯热巧克力，但是我还是毫不犹豫地将它送给了那个女人，因为第一眼看到她，我就知道她比我更需要它，所以我才不由自主地将杯子递了出去。我这才明白，当我带着“29天付出”的精神坚持每天付出时，帮助他人已经成了我的一种本能。我真的很感激这种“29天付出挑战”，因为它让我从一种全新的角度去审视这个世界。我不但要观察别人的理想和意愿，还要知道如果我愿意去帮助他们的话，我是有能力帮助他们实现愿望的，因为，我拥有一种非常强大的力量。

多一根手指，多一份和平

肯妮·菲普斯（Corinne Phipps）

肯妮·菲普斯是衣柜设计公司“都市情人”的创办者，居住在加州硅谷。

那是四月里一个晴朗的日子，我刚刚做完头发，开着我那辆结实的绿色沃尔沃走在加州的公路上，可就在此时，我险遭意外。

收音机里的“杀手之音”（*Killer Tune日本乐队“东京事变”的一首新歌*）震耳欲聋，我开在一条三车道的大道上，靠在最右边的车道里想着前面的交通和我自己的事情。那天的路很堵，这在硅谷镇上是很少见的。或许前面出什么事故了吧，我这样想着。15分钟里，我还没有开过三个街区，不过我并不为此过于懊恼——我刚刚理了个漂亮的新发型，正觉得神清气爽呢，而且我还想着我在这场“29天付出”运动里所做的事，一点也不觉得无聊。

今天要送出些什么才够酷呢？我想。昨天我把我最爱吃的巧克力送给了我的手疗师（*直到现在，我还不太确定是什么原因促使我这样做的*）。她很感激我的礼物，尤其是因为她正怀着四个月的身孕。

这时，一辆蓝色敞篷跑车突然改变了方向，一下子冲进我的车道，挡在我的前面。老天！好在我平时开车总会在车前车后保持一个车的距离，所以我才有时间踩下刹车，没和他撞到一起。可即使是这样，我还是觉得自己的心脏跳到了嗓子眼，紧张极了。对于那些糟糕的司机，我一向没什么耐心，很难压制自己的火气。我赶忙减慢车速，为了不和那辆该死的跑车相撞，我只能使劲向右打方向盘。谢天谢地，我的反应还不算慢——那辆车来得太突然，我一下子被挤到了路肩上。而且还要感谢上帝，路肩旁边的人行道上没有行人。现在我真的愤怒了，肾上腺素一路飙升，想要对着那个司机大骂出来。

我的心在狂跳，汗湿的双手紧紧抓着方向盘。那辆跑车意识到了自己的错误，向左转过去，回到了自己的车道上。

难道你没看见我在这儿开着呢吗？真是个浑蛋！这是我在紧张情绪稍有缓解之后的第一个想法。要是往常，我很可能会摇下车窗，对着那个人愤怒地咒骂，因为我是有理的一方，胜利一定会属于我的。任何一个旧金山的好司机都知道该怎么开车。可是我没有这么做，我屏住呼吸，把手从车窗按钮上挪开，我停顿了一会儿，希望能让自己平静下来找回理智。

就在这时，我想起了我的“29天付出挑战”。我深吸了几口气，渐渐开始冷静下来，不过我仍然不知道该做点什么，才能让自己找到新的方向。那辆蓝色的跑车和我一齐在下一个红灯前停了下来。我转头看向那辆车，司机是个男人，他正向我挥着手，用口型对我说着“对不起”。

以前遇上这样的事，我可能会向他伸出中指，告诉他“你这个浑蛋！”可是这一次，我却伸出两根手指，向他发出了解的讯号，我禁不住笑了出来。绿灯亮了，我向他挥挥手，微笑着开车走了。这是一种我之前从未做过的事——宽恕一个作出错误判断的司机。我为自己的行为感到惊讶，我感觉很舒服。现在，他和我的生活都会有些不同。我开着车，一路“飘”回家里。

这就是我在四月的一天里送出的礼物——它本来会是一根竖起的中指，可那天却变成了宽恕和怜悯，还有一样最好的东西——和平。

卑微的泰迪熊

柯林·莫沃尼恩·弗莱迪（Colleen Mavourneen Friday）

柯林·莫沃尼恩·弗莱迪带着她的两条狗生活在南非的开普敦。想要了解更多有关“泰迪熊关怀行动”的细节，请访问www.TeddyBearCare.com。

一年秋天，弟弟阿兰的秘书要休产假，需要有人来接替她的工作，于是我的妹妹莫林便离开了她在南非荒野中的家，来到弟弟的办公室里帮他打点一些日常事务。莫林是个闲不住的人，手里总要有点事做。一次，她在休息的时候在一本儿童杂志里看到了一个制作泰迪熊的免费纸样，于是她便在阿兰的橱柜里一通翻找，终于找了一条旧毛巾，用它制作了第一只纯手工打造的、不那么精致的小泰迪熊。回到家之后，莫林找来更多的旧毛巾，而泰迪熊的数量也逐渐增加起来。

那年冬天，莫林到开普敦陪我住了一段时间。我们俩都到了退休的年龄，又没有事做，所以几乎没什么收入，只能靠微薄的养老金度日。

虽然家人都会尽力帮助我们，可我们还是想靠自己的努力过独立的生活。为了消磨时间，莫林最终说服我和她一起用一些日常的边角废料制作泰迪熊。我们把自家种的薰衣草晾干之后填充到小熊的肚子里面，然后用绣花线为它们做出各种面部表情。后来，我们决定把这些泰迪熊拿去出售。当然，我们并没有奢望能赚大钱，只不过希望出售这些小熊的收入能让我们维持日常的生活。每只泰迪熊身上都带着一张小卡片，上面写了这样一小段文字：

我是一只薰衣草泰迪熊。
薰衣草有镇静作用。
所以，把我放在你的枕头下面，
我会让你甜甜入睡；
把我放在你的衣橱里，
我会让你的衣服散发阵阵清香；
你还可以把我放到车里。
事实上，我愿意陪你到任何地方！

最终，泰迪熊为我们带来了好运——退休之后，我和莫林终于能够自力更生了。2008年，莫林再次来到我家。我们一起上网时恰巧看到了这个“29天付出”的网站。莫林想让我和她一起加入这场“29天付出挑战”。虽然我当时不是很感兴趣，不过最后还是在她的劝说下作出妥协，在网站上报了名。那时我们还剩了20只泰迪熊在家里，我和莫林商量了一下，准备把它们送给莫林家镇上艾滋病诊所里的孩子们。我们和诊所一起核算了一下，如果要让每个孩子都有一只小熊的话，至少需要80只泰迪熊，可是我们已经没有材料去做新的熊了。一切都是那么巧，莫林在她29天付出网站上的博客里发表了一篇文章，呼吁大家提供一些材料或者买布和填充材料的资金帮助我们完成制作80只泰迪熊的目标。

而就在这时，大洋彼岸一位居住在美国佐治亚州的善良的先生，B.J.艾略特，读到了这篇博文，他把全世界的“29份礼物”付出者们聚集到一起，号召大家将原有的目标提高，帮我们在2008年12月31号之前送出500只泰迪熊——“泰迪熊关怀行动”就这样诞生了。

人们还为此建立了专门的网站，而这正好支持了我们的“假期运动”。我们不想浪费大家的钱，也不想刺激跨国邮寄填充玩具的风潮，因此我们开始让人们在线购买一种捐助礼盒，其中包括一只小熊，一些泰迪熊形状的饼干（*曲奇*），以及一些食品杂货。所有的捐助物品和材料都要在南非本地购买和邮寄。美元在我们这儿很值钱，所以这样做也很经济实惠。只要10美元，我们就能送给一个孩子一只泰迪熊，还能给她/他的家人送去一份实实在在的杂货礼盒。可是在美国，这10美元估计连一只小熊都买不到。

在11月和12月期间，有将近500份捐助礼盒被卖了出去。我们用筹集来的一部分善款培训了几名妇女来帮我们缝制泰迪熊，这样她们就能掌握一门新的技巧，让她们可以凭自己的本领赚钱来维持生活。我们还培训了一个男人，让他掌握了一些园艺种植技能，然后他就开始种植一些新鲜蔬菜，再把这些蔬菜放到我们的杂货礼盒里，送给那些需要帮助的人们。在为期6周的假期里面，我们在社工的协助下，让很多贫困的孩子都吃上了饭。因为那时学校已经放假，这些孩子每天唯一的一顿饭也没有了。没了学校提供的免费午餐，这里的很多孩子都要挨饿。

我和莫林都不十分确定我们是在什么时候开始这场“29天付出挑战”的，也不知道是从什么时候开始，我们的礼物渐渐演变成一种新的慈善经营活动，但这就是所发生的一切。我们非常高兴地看到，“泰迪熊关怀行动”已经让这么多孩子的脸上都挂上了微笑。我们想要通过自己的努力让更多的孩子知道，有很多人都在关心着他们。

那些苹果

惠特妮·法瑞尔（Whitney Ferrall）

惠特妮·法瑞尔是一个女儿和妹妹，也是一位作家、妻子、母亲、志愿者、艺术家，更是一位很好的朋友。她居住在北卡罗莱纳的夏洛特。

一切都开始于一篮子苹果，有澳洲青苹果（*Granny Smith*）、粉红女郎（*Pink Lady*）、富士（*Fuji*），还有阿肯色黑苹果（*Arkansas Black*）。

从山顶果园回来的路上，我一直看着那满满一篮子苹果，想象着我该如何处理这些可爱的果实。12加仑！我有整整12加仑苹果啊！

回到家中，我计划着要把它们做成苹果脆片、苹果酱、苹果泥、苹果圈，还有苹果派。我会把苹果脆片送给一个怀孕的朋友，还会把苹果酱送给我的邻居们。

自从加入了“29天付出挑战”，我就决心兑现那些美好的想法——请怀孕的朋友吃顿饭，给远方的亲人寄一份爱心包裹——我的想法总是来得很快，可做起来却十分拖拉，这次也是一样，似乎总有那么多事情在分散我的精力：孩子、电话、突然来访的客人……到最后苹果依然稳稳地摆在远处。

一天，我终于往前迈了一步。我把燕麦、面粉和黄油和在一起，准备为早餐做些苹果脆片。我的公公和婆婆在我家过周末，我想起床之后吃点苹果脆片，再喝上一杯咖啡，应该是个不错的选择。我刚要削第一只苹果，我的丈夫就走了进来，告诉我他的爸爸妈妈要到外面吃早餐。整个周末我们都很忙，周一一到，更是忙得不得了，根本没时间去做什么苹果脆片，于是我的计划也就泡汤了。苹果们接着“稳坐”在那里。

而与此同时，我一直都会向陌生人微笑，做了几次小小的捐助，还送了别人不少礼物。按照“29天付出”的规则，只要是带着一定的目的和想法在做这些事情，那么这些努力都可以算作是一份真正的礼物。可是无论如何，在我心里这些礼物都比不上亲手做的苹果美食。

或许我是受了高中时期那种“有目的地付出”的启发吧。那时我正上高中三年级，我和班里的一些学生干部们一起参加了一场“随缘行善周”活动。而当时最流行的“随意善举”就是为“得来速”的顾客们提供一些美味的曲奇。有些时候，微笑或者善意的话语可能不被人理会，但是食物似乎总能被人们欣然接受。

第8天的时候，我的电话响了，是我的朋友玛丽，她也是孩子的妈妈。“我今天想到你家坐一下，你方便吗？”她说，“汤姆出去了，我很闷，真想出去走走。”

说实话，这真的不方便。我想一个人待着，越清净越好。尽管我自己也有两个孩子，但是我已经计划好放一些好看的碟片，把他们吸引到电视机前面，然后我到电脑前做些工作。我甚至还不太了解玛丽——难道她没有别的朋友可找了吗？或许是没有吧。我想象着她的样子——她正怀着身孕，还要照顾一个两岁的孩子，我知道她需要别人陪伴的意愿要比我想一个人待着的想法强烈得多。

“当然，”我对她说，“过来吧。”

当某项工作快要到期的时候，我总会忙到深夜。可是每周总会有两个上午我什么都做不成，这样我不得不挪用一些育儿时间，也就是说，我会让孩子们在我身边独自玩耍，自己却一整天都盯着电脑屏幕忙工作的事情。不过这样做效率很低，我那个蹒跚学步的宝贝会爬到我腿上，向我要零食或者让我读书给他听；我那个三岁的孩子也会凑过来，想要一起听故事；两个小家伙还会为了一个玩具争个没完，把一切都弄得乱七八糟，我就得马上过去收拾。可不管怎样，我总能榨出一些时间，只不过我一直都得待在这个像马戏团一样的家里。可是今天连这点时间都没了。我只好寄希望于明天——明天上午两个孩子会去幼儿园上学，这样我就能坐在那里的咖啡桌前写上几小时了。

第二天一早，我带上笔记本和孩子们的午餐，兴冲冲地奔向幼儿园，盼着在他们学习的时候我能有点时间去工作。

可是没想到“紧急情况”出现了，有两位老师生病了没来上班，替补人员又不够，而且今天是拍照日，需要很多人手来照顾这些顽皮的孩子们。当时我只是报名要做拍照日的共同主持人，因为在学校的广告里，这是个非常简单的工作，只要收发几封邮件，接几个电话就可以了，没有任何现场的志愿工作要做。

“你没什么事做，是吧？”幼儿园的主管凯西（*Cathie*）小姐这样问我，她正用一种期待的眼神看着我，不过她一点也不像是在询问的样子。不，我不是不工作，我想这样告诉她。不能仅仅因为我不去办公室就断定我没有工作。我有工作，而且这工作马上就到期了，很多人都在指望着我呢。最近，我一直在为这种错误的概念同人们辩解，人们总觉得自由职业算不上是真正的工作，我真的为此感到愤愤不平。我耗费了极大的耐心才克制住自己，没有向这位凯西小姐发火。

我想着我的“29天付出挑战”，或许，时间可以成为我今天的礼物，于是我回答：“当然……你需要我做些什么？”

就这样，在接下来的四小时里，我都待在外面，为孩子们擦拭长了硬壳的小鼻子、梳理凌乱的头发，这样每个孩子都能在他们的生活照里闪闪发光了。这是我这场挑战的一个转折点。

我开始意识到，我的时间也和别的东西一样，可以成为很棒的礼物，而且它比别的东西更好，甚至比苹果还好。学校的活动结束了，我开车回到家，把根本没用上的电脑放回桌子上，然后和两个孩子一起坐在地板上，陪他们玩耍。

之后，我确实是打算过用下午的时间多做些工作，可是我的女儿却走过来，开始向我讲述她那个没完没了、又让人费解的故事。我努力让自己看着她，而不是像以前一样两眼紧盯着电脑，偶尔点点头，“嗯……啊”几声。

现在，我的目标就是要更用心——不管我在做什么，不论我正和谁在一起。每天的礼物让我把精力投向我的孩子、丈夫、朋友和那位正处于困境中的母亲，甚至是排队时站在我身旁的陌生人。我会向他们付出我的全心全意，哪怕我们相处的时间只有那么短暂的一小会儿，我也会在这一小会儿里让他们感受到我的关注。或许时间的礼物并不像苹果派那样暖心，但是它的力量一样非常强大。

而后来我才知道，玛丽，那个不请自来的孤独母亲，在这镇上基本没什么朋友。她在第二次怀孕期间搬到这里，那些没打开、没收拾的东西让她没时间出来走动。那天下午我们共处的时间对彼此来说都是一种滋补。我很感激能结识到这位新朋友。我想我会在她的孩子出生时送她一些苹果，不是苹果脆片，也不是苹果馅饼或苹果派。与其把时间花在厨房里，还不如只是简单地拿给她一些普通苹果——把那些澳洲青苹果、粉红女郎、富士，还有阿肯色黑苹果美美地摆放在篮子里——然后再用省下的时间陪她好好聊聊。

付出的启示

达伦·卡根（Daryn Kagan）

达伦·卡根生活在佐治亚州，亚特兰大，是热销书籍《潜能无限！——敢于梦想者的50个真实故事》的作者。

我早就应该知道，也早就应该记住，可是，是那些经历让我一次又一次地体会到再学习的快乐。

那是什么样的经历？是众神联合起来让付出对我来说更加容易，并且还一次又一次地用意想不到的方式让我得到回报的经历。

这种经历从我失业之后开始。可能用失去某些东西开始一段付出的历程会让人觉得有些奇怪，不过想要让自己走上一段新的轨迹往往是要付出一些代价的。

我曾拥有一份很多人都梦寐以求的工作——在CNN主持一档新闻节目。我在那儿工作了12年，我的节目涵盖了从战争到奥斯卡红毯的一切话题。我还有幸播报了很多在我一生中都十分重要的爆炸性新闻，例如2001年的

“9.11事件”。总的来说，如果你喜欢新闻这一行，那么CNN绝对是个再合适不过的地方。

等你录完节目之后我们一起喝杯咖啡吧，这是那天我的大老板发给我的邮件。现在想想，可能一切都是命中注定的吧。

说实话，我本以为他是想找个时间来告诉我，我最近的工作表现是多么的出色。可是我错了。

“我知道今年年底你的合同就到期了，”大老板真的很直接，“我只是想告诉你，我们不会和你续约了。”

“真的吗？”我这样问他，我很震惊。在新闻界工作了这么多年，我本应该料到这种结局的。

我没有问他为什么，可是最终却还是忍不住问自己：“怎么会这样？那我现在该做些什么？”这些问题不是马上就出现的，首先，我给了自己一些时间和空间，去消化我的悲伤，去哀叹那份已失去的、梦想中的工作。之后，令人惊奇的是，我觉得自己不想再做电视新闻工作了。这工作很棒，可是我知道，我的精力已经被耗尽了。

我问自己：“如果我能做一些自己想做的事，那么我将如何为这个世界服务呢？”

答案直接从我心底涌了出来：去讲述一些具有启发性的故事，以此作为一种工具，让那些闪耀着人格魅力的人们在这世界上创造一些不同。

这个想法或许会让你的内心温暖而柔软，不过或许你也会觉得它多少有些不切实际。新闻界流传着一句古老的格言，“出血才能出彩”，也就是说，好消息是卖不出去的。

我对经营自己的公司毫无经验，不过我还是站在这里，正准备朝那个方向迈进。说我对下一步该做什么一无所知一点也不过分，但是有一种信念一直在支持着我：乐观，努力奉献，那么上天就会眷顾你。我可以写一本书，记录各种事件中的惊人转折，向人们讲述我自己的曲折经历。

而之前发生的故事，不是正合适吗？

想要创立一家以网络为基础的企业，首先就要注册一个域名。这真的不是什么大问题，你可以找一家此类的网站，录入“URL”，然后点击“购买”就可以了。整个过程只要一分钟的时间，你的花费也不会超过10美元。

就这样，我登录mid-2006，注册了一个DarynKagan.com的域名。可意外的是，系统却提醒我“已经有其他人使用DarynKagan.com这个域名了”！

“有人用了？这怎么可能！不会有这么多个达伦·卡根的！”

我想我只要给这家公司打个电话，和他们聊聊，然后他们就会意识到自己的错误，把属于我的域名还给我。可是我又错了。

“女士，您还没有明白，”电话那头的声音告诉我，“这叫做‘域名抢注’，是一种完全合法的行为。人们会抢先注册一些域名，然后把它们出售给想要这些域名的人，通过这种方法赚大钱。您要么准备几万甚至几十万美元买下这个域名，要么就花大价钱请个好律师吧。”

“哦，算了吧，”我心想，“我可没想过要这样开办我的新公司。”之后，我决定检测一下这种讲述启发性故事的付出会得到怎样的回报，于是我写了一封信给那个“拥有”我名字的人。

他的名字叫做托马斯·布恩（*Thomas Boone*），我在邮件里是这样写的：

尊敬的布恩先生：

感谢您在注册域名时能够想起我。但是现在我想是时候让

DarynKagan.com回到它真正的主人身边了，当然，那个主人就是我。我已经跟那家公司谈过了，他们告诉我，从技术上来讲这不是什么大问题，只需要点击几个按钮，您就能把它转到我的名下。

您真诚的

达伦·卡根

我没有提钱或律师的事。

而这直接导致了第二天一个很有趣的电话。电话是这位布恩先生打来的，他告诉我他是我的粉丝，还说他一直观看我在CNN的节目。

“您知道我为什么会用您的名字吗？”看样子他很想知道我是怎么想的。

这让我有点紧张。我不会是碰上变态了吧?

我告诉他，我不知道他为什么会选了我的名字。而这位布恩先生却告诉我，他也是刚刚想明白这件事的。“我想我当时是故意这样做的，要把这域名据为己有，”他接着解释道，“这样别人就没机会敲诈你了。”

“那我现在可以要回它吗？”我用我最甜美的声音向他询问。

“当然了。”

那天晚上，我就成了这个域名的新主人。没花一分钱，而且事实证明，那位布恩先生也不是什么可怕的变态，在接下去的两年里，我只收到他一两封邮件。

这种事一次又一次地发生，才让我有机会和全世界的人们一起分享那些具有启发性的好故事。

我第一次见到凯米·沃克是在一次女性创业会议上。我的演讲结束之后，她走到我身边，简单地向我介绍了“29天付出”的故事。她的故事深深地打动了我，我也想体会一下这“29天付出”里面的真谛。在同她见面之后不久，我就在网站上报了名，开始送出我的礼物。

我的第一份礼物，是送给妹妹的一张15美元的星巴克代金券。那真是个很蠢的礼物，因为那时妹妹和她的朋友就在纽约开咖啡馆。不过从某方面来讲，这也是一份完美的礼物。我的妹妹很是激动——她一直在为别人准备咖啡，却几乎没有时间停下来请自己喝杯咖啡，休息一下。在这29天里，我还匿名送出了很多礼物。2008年的夏天，汽油价格飞涨。一天，我在一个加油站的小型超市前停了下来。我付好了自己的油钱，又走到超市里面找到收银员，将10美元现金递到她手里，并让她把这笔钱算在下一位顾客的费用里。而我又因为这份礼物得到了双倍的惊喜。我在脑海里想象着一个陌生人收到价值10美元的汽油时那惊喜的样子，而这位收银员应该也会受到我的启发，成为一位奉献者吧。

29天当中，每天都有不同的经历，而我也总能在这些经历当中发现一些闪光的东西。就像凯米所说的那样，我一直在审视着自己送出的那些礼物：什么东西容易付出？什么最难付出？“29天付出”预言，最难付出的就是你认为生命中最珍惜、最缺少的那些东西。

一次次的付出证明，对于我来说，最容易付出的东西就是金钱，而最难付出的就是我自己的一部分、我的心灵。精神上的联系往往需要更大的努力才能实现，就像那天，我给妈妈打了电话，并把我在度假时滑水的照片送给她一样，我必须要放下心中的怨恨。我记得那时我在想，我长大了，却忘记在度假的时候给妈妈打个电话，问问她的近况。我把这也看做是一种礼物，而且事实上，她也非常愿意听到我的声音，愿意看到我游玩过的明尼苏达河上的美景。

借用我以前职业中的一句话来讲：“付出会带来回报”的说法对于付出

者来说并不是什么爆炸性的新闻。当你用心地去对待别人时，就会有更多的、你意想不到的礼物回到你这里。

每次我忘记这一点时，都会有一种新的经历来到我身边，让我将这句话再次记起。

姆巴利·克雷亚佐的一封信

在以下这封致读者的信里面，姆巴利和我们一起分享了“29天付出”仪式的历史，让我们知道它是如何激起一场运动的。假如你也愿意加入到这场运动中来，姆巴利还向我们介绍了很多十分有效的建议和方法，帮助你在自己的“29天付出挑战”中得到最大的收获。

亲爱的读者们：

Sawubona！这是祖鲁人同别人打招呼时所说的话。

这种“29天付出挑战”起源于非洲人的一种宗教仪式。任何形式的付出——哪怕只是一种简单的举动——都可以开始一段变化的历程，都能让我们记住，我们是一个更大空间里的一部分。

“29天送出29份礼物”的仪式在我的生活正处于一种不足状态时来到我身边。那时我刚刚失去了一份做了8年的、我十分热爱的工作，我害怕我会就此失去一切。后来在一次占卜中——这种占卜类似于一种读心术，占卜师会使用一些工具，例如贝壳、骨头或石头一类的东西，帮助人们在他们祖先的指引下，确定自己的方向。而现在，我也会为我的学生做相似的占卜——那位治疗师将这种仪式传授给了我。

我在做治疗师的时候，也吸收了很多非洲达格拉部落（*Dagara*）的传统经验，而这些经验最初是由马里多玛·派崔斯·梭梅（*Malidoma Patrice Some 她是一位教育家和学者，也是一位巫医，她出版了很多著作，并在全球很多国家发表过演讲*）介绍给我的。像很多精神修炼一样，我的工作也常常会遭到别人的怀疑。想要通过这种非传统的方式去寻求治疗是需要很高的忠诚度和意愿的。对于一些人，比如凯米，传统疗法很难带来明显的改善，这才让他们来到我的门前。我从未宣称我能治愈别人的病症，也绝不会建议别人放弃专业的医学治疗，我只是把一切会让他们产生共鸣的替代性疗法都加入到他们的治疗当中，为他们的治疗提供一些有益的辅助手段。

有那么一段困难时期，我找到我的老师，要她为我占卜。我记得那时，“付出”对我来说更像是一种不顾一切的行为，而不是我向人们表达善意的方法。那时，我非常害怕我会把那仅有的一点信仰也丢掉。但是最后，我还是像个冒险家一样，决定敞开心扉，接受这种“29天付出”的宗教仪式。

在这里，我只想讲述我29天付出过程中的一次经历。那次占卜时，我的老师告诉我，我有一份礼物会送给街上一个无家可归的女人。老师说，当我看到那个女人时，我就会知道，就是她了。我必须送给她一笔特定数目的钱，还要给她买一餐饭。这个故事你听起来可能会很熟悉，因为凯米的书里也提到过这样的经历。

所以在那之后，我一直把这个数目的钱放在车里。一天晚上，我终于看到了一个女人。在连续7天，每天都在大街上搜索之后，我想她应该就是我要找的那个人了。那天，我在收容所里工作了一整天，已经筋疲力尽，我觉得自己在白天时已经付出很多了，说实话，那天晚上我真不想再送出些什么。我本应该快些回到家里，躺在我温暖的床上休息。但是有一些东西不断在告诫我，让我克服这种想法。

我花了好一会儿才在一家还在营业的小店里买了一些食物。我带着这些吃的，开车回到原来的地方，希望那个女人还在那里。当然，她已经离开了。不过我一直开车寻找着，直到最后终于找到了她，那时她已经走了一段距离了。

当我把食物和钱递到她手里时，一些神奇的事情发生了。我为这种谦逊所折服，感到非常舒适而宁静。我甚至还觉得有一股能量正在我身体里奔涌，重新点燃了我的精神和灵魂。而就在一小时前，我还觉得自己的能量已经被抽干了。之后，我一直很好奇，自己为什么会感觉如此舒服。其实，那天晚上的付出也像是送给我自己的一份礼物。后来，每当我回想起这件事时，我都会有这样的感悟：当我为他人服务时，我就会从一个以自我为中心的地方，游走到一种忘我的境界当中。付出的行为本身就承载着一种感恩，对我来说，不会感恩，就不可能付出。

当那个女人从我手中接过她的食物和钱时，我才知道，我已经拥有了太多的东西。可就在一星期前，我还深陷在一种不足状态之中。可现在，我突然觉得自己非常的富足，我不用满大街游荡；也不用睡在寒风之中、连洗澡的地方都没有；我不用忍饥挨饿；也不用每天为了生存向他人乞讨。上个星期，我觉得迷茫、恐惧、愤怒，为自己感到遗憾，但这种简单的付出却让我得到重生。我记得那晚我回到家中，跪下来诉说着自己的感激。之后，我才渐渐地参透这“药方”中所包含的大智慧。我肯定，我的老师一定知道，在这个时候见到一个无家可归的女人会让我知道，我已经拥有了那么多，才能让我从自我怜惜当中走出来。

就在那天晚上，我决定把这种付出当做我的药。它不但让我神清气爽，也让我的生活发生了变化。我忘记了那份不愿失去的工作，转而把精力放在我的治疗修炼上。我开始追寻我的目标，想要成为一名艾滋病的教育者和咨询师。而就在不久之后，我遇到了凯米，开始为她治疗。

那晚向街上那个女人送出礼物之后，我总结了以下9条经验：

1. 当我敞开心扉去付出时，我也会收到一份意义深刻的礼物。

2. 感恩会让我心胸开阔。

3. 付出为我的接受创造空间，因为付出和接受都是同一个互惠循环的一部分。

4. 无私并不意味着要耗尽自己的一切、一味地付出。

5. 当我带着一颗服务之心、真诚之心和满足之心去付出时，我就会感觉获得了重生。

6. 当我把付出看做一种负担，抱怨着付出时，我就会把付出消极化，一切都不会发生改变。事实上，我总是感觉心有怨气，筋疲力尽。

7. 当我站在自爱的相反方向，以自我为中心时，我就会变得与世隔绝，变得孤独，我会忘记自己是一个更大团体中的一部分。那时付出会成为我最不想做的事情。

8. 当我付出时，我是在修炼如何成为一个真正的人；当我用心去同他人产生关联时，我会觉得生活很有意义，而生活真的会因此变得有意义。

9. 当我每天都用心付出时，我再也没有陷入那种不足状态之中。

我相信，“29天付出挑战”非常适合当今社会中的人们。因为不管物质条件多么丰富，不足的思维在人们心里依然十分普遍。虽然我们中大多数人都不曾经历过非洲人民那种困窘的生活，但是我们还是会认为我们不够成功、不够富有、不够漂亮或者不够苗条，总之我们就是拥有的不够多或者不够好。我们会在这种缺失感中迷失自我，我们的自尊心会降低，就连自爱都将不复存在，我们会忘记，我们的生活是更大空间里不可或缺的一部分，会忘了我们有很多礼物可以奉献给这个世界。

出于一种强烈的同情和担忧，我将这剂药方传授给凯米。她可以自由选择是拒绝、固守原来的准则，还是接受挑战、开始行动。她真的很有勇气，选择了后者。当然，我也希望她这样选。

我希望你也能接受这个“29天付出挑战”，并享受属于你自己的那段付出历程。你可以使用www.29gifts.org上免费提供的在线日志来记录你的经历。在你开始之前，我请你把自己的付出看做是一种神圣的仪式，用心地付出，用心地记录。这样它就会变成一种具有变革作用的经历，让你在多年之后仍愿意回忆、品味。

除了记录每天送出的礼物之外，我建议你还可以花些时间反思一下这29天的经历，并按照下面的提示，写出你的感受。

- 感恩：请注意，每天至少要有3种事物让你觉得感激。这可以是任何东西，从一个家庭成员到你的健康状况、住所、大自然，等等都可以。
- 传承：在这29天里，花些时间去思考你家族里的付出传统和历史。你从父母、祖父母，或者其他祖先那里得到了哪些有关付出的启示？你是否学到了，你有资格去接受，而且你那份独一无二的礼物也值得人们去珍惜？当你因付出而承认自己时，会不会有一种负罪感？反思会给你时间，让你整合自己的经历，记住那些不断呈现出来的启示。记住，那些看似无关紧要的东西或许就是一种符号、一个比喻，或者是一种信息，它们正试图唤起你的注意。
- 意识：判断你是否在敞开心扉去迎接每一次付出的机会，拿出实际行动，并注意情绪上的各种波动。付出很困难还是很容易？你知道你为什么会有这种感觉吗？你付出的意愿和你过去的某种经历有联系吗？你在行动之前，会不会有一种抗拒感？或者付出之后会不会感到怨恨或懊恼？
- 服务：尽力让你的每一份礼物都成为“为他人服务”这种真实意愿的产物。注意你每一次帮助他人的过程，是什么打动了你，让你想要将这份礼物送给那个人的？是那个人的某些特征在某种程度上让你想起了自己的经历吗？
- 惊喜：带着一颗好奇之心和对惊喜的渴望去尝试这种仪式。不要从一开始就认定自己可以从中学到什么具体的知识，不要认为它可以帮助你解决某个问题，也不要以为你能得到某种具有颠覆意义的经历，相反，请注意那些让人惊喜的事物。你有没有从你的礼物接收者那里得到意想不到的回馈？你是否在与他人发生关联之后感受到不曾想象过的好情绪？你有没有得到某种意外的回报？

- 接受：当你付出时，它就为你的接受创造了空间。而且，对他人的礼物说“是”，也可以让你感受付出的快乐。每天，都要注意你在接受他人礼物时的感觉——是心胸开阔，还是觉得受了限制。你能带着感恩之心轻松地接受他们的礼物吗？你觉得自己有资格接受这份礼物吗？你让自己敞开心扉地去接受了吗？
- 不执著：敞开心扉送出你的礼物，不要期待任何回报。事实上，你可以试一试这个方法：如果送出一份你觉得难以割舍的东西，你会怎么样？这可以是一件物质上的东西，也可以是一种你曾执著多年，但现在却发现不再适合你的信念、行为，或者思维方式。在29天里至少要试一次，并且用心去观察在未来几个月里你的生活会发生什么变化。

这里还有一些建议，或许可以让你更加享受这场“29天付出挑战”。

确定一个日期，开始你的“29天付出挑战”，这样你就能有意识地开始。

- 在开始之前，短暂的冥想，确定你参加这项活动的目的。一定要清楚自己的目的，如果你的意图很模糊，或者还没完全准备好，你未来的经历就会将这些问题反映出来。
- 每天都要冥想，并为每天写下一些自我肯定的语句，例如：

今天我要带着爱心付出。

今天我要怀着一颗感恩之心付出。

今天我会耐心地付出。

今天我要快乐地付出。

今天我要慷慨地付出。

- 任何东西都可以成为你的礼物，你可以把它送给任何人——一些零钱、一罐汤、你的时间、一些善意的话语或想法……只要你用心付出，不管什么都能算作一种礼物。也就是说，你要认真审视你送出的礼物，是否属于以下范畴，因为这样的付出会耗尽你的能量：

交易般的付出：如果我付出了，我就会感到很舒服，也会得到一定的回报。

强制性的付出：我不得不付出，因为大家都在期待着我这样做。

心虚的付出：如果我不付出的话，就会遭到报应。

不情愿的付出：他还穿着新鞋呢，肯定没那么缺钱。

应付了事的付出：我想我必须得送出些什么，因为今天是第15天，所以哪怕我刚刚花了300块钱换刹车，我也得送出一件礼物。

- 在连续的29天里，每天都要送出至少一份礼物，这样围绕这种仪式的能量才能聚集起来，成为一种动力。如果你哪天不小心忘记了，我建议你从第一天重新开始，以释放之前积累的能量，并让新的能量重新聚集起来。如果你很难做到这一点，那么也可以接着漏掉的那一天继续下去，最重要的是不要半途而废。

在南非，我的故乡，有一种非常美丽的哲学，叫做“Ubuntu”。简单点说，它的意思就是“人性与他人同在”。就像图图大主教（*Reverend Desmond Tutu*）所说的，“我的人性与你的人性密切相连。”哪怕我们拥有的并不多，但是只要我们能同他人分享我们的礼物，那么我们内心的那种满足感和人性意识就会成指数地增加。在Ubuntu精神的感召下，走进你的内心深处，去探寻付出的勇气吧！我相信，你一定会为自己经历的那些转变而激动不已。祝你在“29天付出”的旅途中，一路平安。

愿祖先们永远保佑着你，呵护着你。

姆巴利·克雷亚佐

29 Gifts for Perfect Life

附录3

姆巴利·克雷亚佐其人

姆巴利·克雷亚佐——启发了这场“29天付出”行动的南非女巫医。

我的人生之旅在南非开始，那里是我的出生地。后来我去了伦敦，在那里我成了一名按摩师。这份工作就像一剂催化剂，促使我在寻求自身疗愈的同时，不断探索治疗的更深刻含义。带着这种兴趣，我在46岁的时候获得了“综合医学”硕士学位。而所谓的“综合医学”，就是将替代性疗法同西医技巧相结合的科学。1998年，我移民到美国，并有幸受邀加入了旧金山一家非常有创新性的医疗机构。后来，因为它的综合医学模式，这家机构被命名为“美国最健康的医院”。在这家机构里，我设计了一整套综合性身体训练，受到全国很多医院的青睐。我还主持创建了“转型教育”的全部课程。那时，与学生和病人的交流和沟通让我逐渐意识到治疗的独特性。为什么同样的疾病或创伤事件对人们的影响却是如此的不同?

在旧金山湾，我遇见了我的心灵导师。对我来说，精神修炼就是与各种世界——内心世界、外部世界、自然世界甚至是另外一个世界之间的沟通和联系。从马里多玛·派崔斯·梭梅（*非洲一位杰出的教育家和巫医*）那里我了解到，与祖先之间的联系和宗教仪式的力量都可以成为治疗的手段。从迈克尔·米德（*Michael Meade，说书人、心理学家、部落主义者和神话学者*）那里我学会了如果将讲述的力量作为一种诊断工具。他也认为可以将宗教仪式和艺术作为一种治疗途径和方法。安吉利斯·亚立恩（*Angeles Arrien，人类学家、首席企业顾问*）发掘了我内心深处的原住灵魂，也刺激了我通过在原住世界的修炼去进行治疗的欲望。心理学家杰特·帕萨利斯（*Jett Psaris*）帮我改善了我的各种关系，并教会了我很多用团体力量来进行工作的艺术。最近，我的人生道路又让我投身到HIV和艾滋病的教育和咨询当中，我有幸能够为降低对无家可归者的伤害和控制药物滥用作一些贡献。

我深深地感谢那些与我相遇、又让我有机会深入探究这份重要任务的人们，你们让我明白了，自愈之后才能服务于他人。现在我是一名占卜师、一位转型导师和教师，也是祖传医学的继承人。我向人们介绍与祖先交流沟通的理念，并让人们理解我们所继承的那些遗产的重要性，以此作为一种手段，去治愈我们自身的创伤。

29 Gifts for Perfect Life

附录4

加入到“29天付出”行动中来吧

登陆www.29gifts.org，和全球超过42个国家的人们一起参加“29天付出挑战”，让奉献精神在你的心中重生。

你可以在www.29gifts.org 上报名加入我们的“29天付出挑战”。你在与他人的联系中作出的一切努力，都具有强大的变革作用。就像姆巴利所说的那样，“治疗不会发生在真空的环境下，而是在我们同他人的互动和交流中逐渐完成的。”

在我们的网站上，你会发现一些工具和资源，它们可以帮助你，将你的“29天付出挑战”转化成一种用心的实践。这些工具和资源包括：一个个人付出博客、可下载的“29天付出”日历、免费贺卡，等等。要仔细记录你的礼物，也要留意你都得到了什么，还要经常和社团论坛里的人们交流，结识世界各地的朋友。

我希望你也能登录我们的网站，加入到这场运动中来，和我们分享一些你最喜爱的付出故事。我们在一起，用共同的声音将这种积极的能量传播出去，在世界范围内发起一场付出精神的复兴运动。

致谢

在目前这几十年的人生旅途中，有那么多的治疗者都曾帮助过我，他们让我坚强、勇敢地面对身体上的挑战。我要对你们所有人真诚地说一声“谢谢”。对那些特别的人们，我更要致以深深的谢意，他们是：姆巴利·克雷亚佐，安吉尔·斯托克（*Angel Stork*），查玛·卡塞尔（*Charna Cassel*），布莱尔· 德拉蒙德（*Blair Drummond*），德萨娜·韦尔（*Darshana Weill*），埃里克·鲁宾医生（*Dr. Eric Rubin*），洛丽·戴马尔（*Lori Del Mar*），贝丝·欧斯莫（*Beth Osmer*），米莉亚·托维格（*Miria Toveg*），简·金医生（*Dr. Jane Kim*），埃里克·斯摩（*Eric Samll*），内尔·沃特斯（*Nell Waters*），帕梅拉·罗辛（*Pamela Rosin*），撒乌拉·克雷默（*Savrah Kramer*），凯伦·罗伯茨（*Karen Roberts*），沙恩·杨（*Shane Young*），艾丽卡·莱杰（*Erika Leger*），格蕾丝·孔（*Grace Co*），彼得·哈恩医生（*Dr. Peter Hahn*），诺曼·纳莫罗医生（*Dr. Norman Namerow*），李·塞德亚医生（*Dr. Lee Sadja*），加州大学洛杉矶分校和雷斯尼克精神病医院那些可爱的护士和工作人员以及加州大学旧金山分校多发性硬化症中心的阿里·格林尼医生（*Dr. Ari Greene*）和医护人员。此外我还要感谢国家多发性硬化症协会及其南加州办公室的那些善良的人们，谢谢你们对我的支持和帮助。

我要感谢我的经纪人，丽塔·罗森克兰茨（*Rita Rosenkranz*）和编辑凯蒂·麦克休（*Katie Mchugh*），感谢你们能够看到我故事里的闪光点，并帮助、鼓励我将这些故事写成一本书。尤其要感谢开发编辑琳达·卡蓬（*Linda Carbone*）女士，她在这本书的修改阶段来到我面前，帮我把这个“孩子”带到世人面前。非常感谢我的朋友里斯·约翰逊（*Reece Johnson*），玛丽·比弗（*Mary Beave*），提娜·沃纳（*Tyna Werner*），娜塔莎·索贝克（*Natasha Soudek*）以及马克·阿瑟雷，感谢你们在写作和编辑方面给予我的巨大帮助，因为身体上的原因，我每天只能在电脑前工作两小时，如果没有你们的帮助，我根本无法完成这样一个浩大的工程。伊芙·翁（*Eve Wong*）和凯特·普伦蒂斯（*Kate Prentiss*）是“29天付出”品牌和网站背后的视效天才，如果没有你们独具匠心的设计和灵感，整个计划就不会有任何进展。

从生病到现在的这段时间里，我的丈夫马克·阿瑟雷、我的父母、两个妹妹和一些亲戚，还有很多亲密的朋友都一直在我身边支持着我。没有你们，我可能连确诊后的第一年都挺不过来，更不用说能走到现在了。感谢你们一直在我身边，陪我欢笑，伴我哭泣，谢谢你们！

最重要的是，我要感谢“29天付出”社团里的每一位成员，感谢你们能同整个世界分享你们的礼物，感谢你们用自己的付出和努力唤醒了人们的奉献精神。特别感谢埃琳·莫纳汗女士——我们社团的管理员，以及那些让我们的网站正常运转的志愿者们。很多人都为我们的社团作出了贡献，没有你们的支持，这个计划就无法实现。当然我还要感谢姆巴利·克雷亚佐以及其他很多心灵导师，感谢你们在这一路上对我的支持、帮助和鼓励！

“29天付出”日历

每天付出一次，29天改变人生

登陆 www.29gifts.org，加入“29天付出”行动，一起体验改变人生的神奇力量

1. 日期 付出： 收获：	2. 日期 付出： 收获：	3. 日期 付出： 收获：	4. 日期 付出： 收获：	5. 日期 付出： 收获：
6. 日期 付出： 收获：	7. 日期 付出： 收获：	8. 日期 付出： 收获：	9. 日期 付出： 收获：	10. 日期 付出： 收获：
11. 日期 付出： 收获：	12. 日期 付出： 收获：	13. 日期 付出： 收获：	14. 日期 付出： 收获：	15. 日期 付出： 收获：

“29天付出”日历

每天付出一次，29天改变人生

登陆 www.29gifts.org，加入“29天付出”行动，一起体验改变人生的神奇力量

16. 日期 付出： 收获：	17. 日期 付出： 收获：	18. 日期 付出： 收获：	19. 日期 付出： 收获：	20. 日期 付出： 收获：
21. 日期 付出： 收获：	22. 日期 付出： 收获：	23. 日期 付出： 收获：	24. 日期 付出： 收获：	25. 日期 付出： 收获：
26. 日期 付出： 收获：	27. 日期 付出： 收获：	28. 日期 付出： 收获：	29. 日期 付出： 收获：	欢迎加入“29天付出”行动， 感谢您的善意和用心！